찰떡 스피치

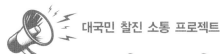

대국민 찰진 소통 프로젝트

찰떡 스피치

개떡같이 말해도
찰떡같이 알아듣기를 원하는 당신!
개떡같이 말하는 당신을 위한
'스피치 방앗간'

구가율 지음

휴먼큐브

명절날 새벽이면 어머니는 식구들 모두가 자고 있는 새벽에 일어나,
유난히 반짝거리는 스댕 그릇에 보자기를 덮어 머리에 이고
어두운 새벽길을 나섰다.
전날부터 부지런히 쌀을 불리고 족히 20분을 걸어 방앗간에 도착하면,
몇 시간이고 순서를 기다려 기어이 명절 떡을 해내신다.

시간이 지나면, 제 어미를 기다리던 아들도 끝내 참지 못하고
아침잠을 깨워 방앗간으로 향한다.
그때쯤이면 방앗간은 동네 아낙들로 이미 문전성시다.

두 개의 쇠구멍에서 가래떡 줄기가 사이좋게 밀려나오면
아들은 꽁댕이 한 개 얻어먹고 싶은 마음을 애써 들켜버린다.

떡은 어머니가 들인 시간과 애씀으로 만들어진다.
"떡은 시간을 먹는 일이다. 떡은 정성을 먹는 일이다."

— 블로거 뻠푸장님 글 인용

방앗간 가는 길

"반갑다, 친구야!"

나는 네 살 때부터 사람들 앞에 서는 것을 참 좋아했다. 인사하기를 밥 먹기보다 좋아했으며, 어른들 앞에서 춤추고 노래하는 게 좋았다. 나의 가장 열렬한 관객은 '삼촌들', 바로 아빠 친구들이었고, 나는 관객의 호응에 화답하기 위해 한결같이 샛노란 에어로빅복을 입고 음악에 맞춰 춤을 추고 노래를 불렀다. 실로 통통한 몸매였음에도!

당연히 학교에서도 나서기를 좋아해 언제나 두 손 번쩍 들고 "저요, 저요!"를 외쳤다. 오지랖도 태평양이라 남 일에 발 벗고 나서는 것을 자연스럽게 여겼다. 그래서 담임선생님은 '남 일에 참견을 잘한다'는 멋들어진(?) 의견을 생활기록부에 남겨주셨다. 이렇게 사람들 앞에서 환하게 노래 부르고 춤을 추던 나, 그리고 사람들과 어울리기를 참 좋아하던 나였는데, 대학 입시를 준비하며 내 인생은 180도 바뀌어버렸다.

내게는 더없이 간절했던 의사의 꿈이 그 시작이었다.
의대 진학에 실패한 나는 아주 길고 긴 터널에 들어섰다.
스스로 실패라는 굴레를 나 자신에게 씌워버린 것이다.

쉽게 벗어날 수 없었다. 벗어내지 못한 그 '못남'은 몇 년이나 지속되었고 후회와 자책은 일상이 되었다. 너무나 어리석게도 '하얀 가운'만이 나에게 행복을 가져다줄 수 있다고 믿었기 때문이다(물론 나는 나의 전공을 깊이 사랑한다!). 자연스레 사람들 앞에 서는 게 싫어졌고, 앞장서기는 심한 변비 중에 변기에 앉은 것처럼 개운하지 않은 일이었다. 일상의 어색한 밝음 뒤엔 늘 혼자만의 어둠이 있었다. 몰래 훔쳐내는 닭똥 같은 눈물, 방구석에 쪼그리고 앉은 어리석음, 그것들이 주는 아픔에 잠식되어갈 즈음 나는 스피치를 만났다.

그리고 다시 마주했다. 반가운 나 자신과.
"반갑다 친구야!"

그때부터다.
스피치를 한 명이라도 더 많은 사람에게 알려주어야겠다고 생각한 것이.
이유는 하나다.
행복해지기 시작했기 때문이다.

나는 스피치를 통해 나 자신을 다시 만났고 그것이 작은 행복의 출발점이었다. 나의 목소리가 듣고 싶어졌고, 사람들과 대화하고 싶어졌으며, 그들 앞에 서고 싶어졌다. 그동안의 나로부터 자유로워지며 '진짜 나'를 만나는 느낌이었다. 떨림은 설렘이 되었고 기분 좋은 두근거림이 되었다. 굉장히 신비로운 경험이었다. 나서기를 좋아했던 나뿐만이 아니라, 이 세상 누구나 이 행복의 출발점에 설 수 있다는 확신이 들었다. 그래서 내가 스피치로 사람들을 만나는 것은 이 확신을 증명해나가는 과정이라 할 수 있다.

물론 이렇게 반문하는 사람들도 있다.
"왜 말을 배워야 하나요?"
"스피치는 도대체 뭘 가르치는 건가요?"
그리고 이러한 인식을 깨뜨리는 것은 여전히 쉬운 일이 아니다.

하지만 생각해보자.
전국에는 수많은 스피치 교육원들이 운영 중에 있다. 굳이 할 수 있는 게 없다면 그들은 왜 교육원을 열었으며, 또한 어떻게 계속 운영할 수 있겠는가? '뭔지는 몰라도 뭔가 있구나'라는 생각을 한 번쯤은 해보자. 그리고 부족한 사람들이 가는 곳이 아니라 '남들에게 가르쳐주기 싫을 만큼 좋은, 혼자만 조용히 다니는 곳'일지도 모른다는 생각 역시 한 번쯤 해보자.

스피치는 힐링Healing이자, 우리가 스스로를 위해 할 수 있는 최고의 자기계발이다. 이 책을 통한 나의 바람은 한 가지다. 더욱 많은 사람들이 스피치를 만났으면 좋겠다. 그리고 그들이 자신의 내면과 함께 행복을 찾아갈 수 있었으면 좋겠다.

"누가 해야 하나요?"

대다수의 사람들은 내심 스피치를 배우는 사람은 어딘가 2% 부족한 부분이 있을 것이라 생각한다. 말을 심하게 더듬고 사람들의 눈을 쳐다보지 못하며 손톱을 물어뜯는 사람들이 하는 것이라 짐작한다. 선입견도 그런 선입견이 없다. 그래서일까.

스피치를 시작하는 사람들은 다른 사람들에게 잘 소문내지 않는다. 짐작건대 '그런 것도 배우는 부족한 사람'으로 보일까 민망해하거나, 아니면 '말을 배워서 잘하는 사람'으로 보이기보다는 '원래 말을 잘하는 사람'으로 보였으면 하는 바람 때문일 것이다. 스피치가 생소한 사람들뿐만 아니라 경험을 시도하는 사람들조차 조금씩의 선입견은 모두 갖고 있는 것이다.

하지만 아는가.
스피치를 통해 제대로 된 변화를 겪어본 사람이라면 그런 선입견에서 완전히 벗어난다는 것을 말이다. 오히려 감사하게도 선입견으로 인해 아무나 배울 수 없는, 자신만 꽁꽁 숨겨두고 싶은 성공의 열쇠로서 그 가치를 인정하기에 이른다.

"그렇다면 어떤 사람이 스피치를 배워야 하나요?"라는 질문을 한다면 나는 아주

반갑게, 그리고 기꺼이 대답을 해드리고 싶다.

당신이 만일

대학생이라면,

스피치는 대학교 1학년 때부터 배워야 할 필수 과목이다.
매 학기 쏟아지는 산더미 같은 팀 프로젝트 과제에서
당당하게 발표자를 맡아야 하지 않겠는가.
고생은 혼자 다 하고 스포트라이트를 다른 이에게 넘겨주는
아쉬움을 남기지는 말자.

취업 준비생이라면,

지금 당장 스피치를 시작하기 바란다.
자기 자신도 표현 못하는 사람을 어느 누가 믿고 일을 맡기겠는가.
면접장에서 스피치만큼이나 나 자신에게 힘을 주는 지원군도 없다.
"안녕하세요?" 인사하는 순간, 나를 뽑고 싶게끔 만들어야 한다.

직장인이라면,

스피치 평가에서 자유로울 수 없는 존재다.
회의에서 열정적인 자세를 보여주어야 하고
프레젠테이션에서 눈에 띄는 인재로 인정받아야 한다.

그리고 막힘이 없는 소통 인재로서 사람들의 마음을 움직여야 한다.

특히 영업직을 맡고 있다면 더 무슨 말이 필요하겠는가.

리더라면,

스피치는 곧 리더십이다.

사람들을 이끄는 힘, 그들의 열정을 이끌어내는 힘, 모두 스피치가 필요하다.

힘이 넘치는 스피치만이 아니라, 어눌하더라도 진정성을 담아낼 수 있다면

그 또한 당신의 리더십을 빛나게 해줄 것이다.

고등학생이라면,

스피치를 일찍 만나게 된 것을 신에게 감사해야 한다.

대학 입시에서 점점 중요해지고 있는 면접 평가 때문만이 아니다.

생각과 표현을 중요하게 여기지 않는 교육 현실에서

자신을 표현하는 경험은 꿈을 찾는 데 한 발짝 앞서갈 수 있도록 도와줄 것이다.

'한 발짝'이 얼마나 큰 역할을 하는지는 인생을 살아가면서 직접 느껴보기 바란다.

전업주부라면,

제2의 도약과 가족을 위해서 스피치를 경험하는 것은 매우 큰 기회가 된다.

'~로서'가 아닌 스스로를 찾아나가는 경험을 통해 행복을 찾고,

가족과의 소통 역시 만들어갈 수 있을 것이다.

또한 스피치를 알고 있는 엄마와 스피치를 모르는 엄마의 차이는

교육에서 무엇을 의미하겠는가.

자영업자라면,

자영업자는 자기 자신이 곧 비즈니스 자체다.
스피치를 통해 사람들과의 소통에서 자유로움을 느껴야 할 것이고,
자신과의 소통에서 끊임없이 아이디어를 발굴하여 다음을 준비해나가야 한다.

결국 우리 모두는
스피치를 한 번쯤은 경험해보는 것이 좋다.
아니, 아주 좋다.

인생을 살아가는 동안 스피치에서 자유로울 수 있는 사람은 없고, 또한 말을 잘해서 나쁠 것은 하나 없다. 말은 곧 소통이고 소통은 사회인으로서의 우리를 빛나게 해준다.

그렇다고 말을 잘하고 싶은 사람들만 스피치를 접해야 하는 것은 아니다.
살아가다 보면 어느 순간 어디로 가야 하는지, 무엇을 해야 하는지 몰라 방황을 하게 될 때가 있다. 그것이 체념이든 포기든, 위기의 순간이라 느껴진다면 스피치를 통해 자기 내면의 목소리를 들어볼 것을 권한다. 특히 오랜 시간 고시 공부를 하면서 자신과의 싸움만으로 시간을 버텨내야 했던 청년들이라면 더욱 환영이다.

이 책을 집어든 당신의 직업이 무엇이든, 스피치에 관심을 갖게 된 이유가 무엇이든 우선 존경의 박수를 보내드리고 싶다. 스피치에서 가장 중요한 것은 그 가치를 깨닫는 것이기 때문이다. 말이란 보려 하지 않으면 보이지 않고 들으려 하지 않으면 들리지 않는다.

스피치의 가치를 믿는 것, 그것이 성공을 위한 시작이 될 것이다.
스피치의 '스' 자만 보아도 가슴이 뛰는 기적을 경험하기 바란다.

스피치 방앗간

이 책은 "스피치 맛 좀 보자"는 사람부터 "제대로 한번 해보자꾸나!" 하는 사람까지 모두 책을 보면서 스스로 스피치 훈련을 할 수 있게끔 구성하려 노력했다. 다만 시작에 앞서 부탁하고 싶은 것은 의심하지 말라는 것이다. 의심하지 말고, 자신의 현재에 자만하지도 말고, 속는 셈 치고 한번 책을 따라 끝까지 훈련하기를 부탁한다.

훈련 기간에 대해 미리 말하자면 표정의 변화가 일어나는 것은 일주일이면 충분하다. 목소리에 변화가 일어나는 것은 3개월, 스피치 실력에 변화가 일어나는 것은 6개월 후다. 단, 매일 열심히 훈련했을 때 그렇다.

나는 이 책 안에서 감히 가르치는 사람이고 싶지 않다. 그저 "이렇게 좋은 게 있으니 한번 보고라도 가셔라", "안 사도 좋으니 맛보고 가셔라. 맛있으면 그때 사가셔라"라고 말하는, 편안한 방앗간 아가씨 정도면 괜찮을 것 같다. 좋은 물건을 지나치는 손님들이 너무 안타까운, 아직 이문을 따지지 못하는 꽤 순박한 아가씨 말이다.

개떡같이 말하고도 **찰떡**같이 알아듣기를 원하는 우리들이었다.
이제 시대가 변했다.
개떡같이 말하지 말고 **찰떡**같이 **말해보자**.
찰떡같이 말했는데도 개떡같이 알아듣는 사람이 있다면
'내가 개떡같이 말했다'는 것을 인정해야 한다.

찰떡 스피치.
입에 짝짝 붙고 씹는 맛이 아주 좋은, 보는 사람으로 하여금 군침 돌게 만드는,
맛 좋은 찰떡을 **스피치 방앗간**에서 **직접** 만들어보기를 바란다.
방앗간 아가씨가 찹쌀을 빻고 시루에 찌고 방아 찧는 것을 도와줄 것이다.
찰떡 만들기, **열정**과 **성실함**만 있다면 어렵지 않다.

스피치의 특성상, 훈련 과정에서 사람과 사람 간에 주고받는 에너지가 서로의 성장에 상당한 영향을 미친다. 비록 지금은 책을 통해서 만났지만, 문장 속에 담아

둔 나의 에너지가 잘 전해지기를 바라는 마음이다. 당신이 성장할수록 뿜어져 나오는 에너지가 나에게도 전해질 것을 기대하면서 말이다.

그렇다면 본격적인 훈련에 앞서, 앞으로 우리가 무엇을 해나갈지에 대해 간략하게 정리해보자.

찰떡을 만들 때 가장 중요한 것은 역시 좋은 재료다.
국내산 최고 품질의 찹쌀과 맛 좋은 고물이 필요하다.

스피치의 찹쌀은 목소리다.
목소리는 별표 세 개짜리다. ★★★

스스로 '내 목소리가 훌륭하다', '발음은 더할 나위 없이 좋고, 발성은 두말하면 잔소리'라고 생각한다면 그다음으로 넘어가도 좋다. 듣는 사람의 귀에 목소리가 정확하게 잘 전달되는지, 오래 들어도 질리지 않는지, 그리고 과연 계속 듣고 싶은 목소리인지를 기준으로 자신의 목소리를 잘 판단해본다.

내가 목소리에 별표를 치고 힘을 주는 이유는, 목소리를 제대로 낸다는 것은 단순히 청자에게 좋은 목소리를 들려주는 것 이상의, 어쩌면 그것과는 비교조차 할 수 없는 중요한 의미가 있기 때문이다. 목소리에는 자기 자신이 누구인지 분명하게 들어 있어야 하고, 자기 확신이 느껴져야 하며, 목소리만으로 사람들의 주의를 끌어당기는 흡입력이 있어야 한다.

그래서 그동안 목소리의 부족함을 느끼지 않았더라도 한 번쯤은 '나의 목소리에는 내가 들어 있나?', '나의 목소리에 사람들은 어떤 느낌을 받을까?'를 생각하면서 목소리에 관심을 가져보기 바란다. 그래서 더없이 중요한 목소리를 놓치지 말고 자기 것으로 챙겨가기를 당부해본다.

목소리를 챙겼다면, 목소리를 활용하는 방법에 대해서 알아나갈 것이다. 우선 방송인들의 스피치를 흉내 내보고 또 그들 못지않은 수준의 스피치를 구사해보면서 각 방송인들의 장점들을 하나씩 습득해나가야 한다. 이 과정에서 말에서 느낄 수 있는 재미를 한껏 느껴보고 자신의 끼를 제대로 발산해보기를 바란다. 이후에는 말의 맛을 살릴 수 있는 갖가지 요소들과 스피치에 대해 이야기를 나눠볼 것이다. 중요한 것은, 무엇을 하든지 흉내에 그쳐서는 안 되고 실생활에서 그것들을 활용할 수 있어야 한다는 점이다.

훈련의 순서는 처음부터 순서대로 하는 것이 가장 좋다. 하지만 그것이 여의치 않는다면 목차를 보면서 자신의 강점을 살리고 약점을 최소화시켜줄 곳부터 찾아가도 무방하다. 하지만 가장 추천하는 것은 역시나 묵묵히 처음부터 해나가는 것이다.

찰떡 스피치

맛이 좋아 입에 짝짝 붙는 찰떡 같은,
누구나 한 입 베어 물고 싶은 찰떡 같은,
찰떡 스피치는 맛 좋은 찰떡이다.

말을 잘한다는 것은 무엇일까?
사람들의 수만큼 잘함의 기준은 모두 다를 수 있다. 그중에서도 보편성을 바탕으로 찰떡 스피치만의 잘함을 말한다면, 나는 이렇게 표현하고 싶다.

자신이 말하고 싶은 것을 정확하게,
굉장히 매력적으로 표현하는 것.

자신이 말하고 싶은 것을 정확하게 그리고 매력적으로 표현한다는 것은 쉬울 것 같지만 왠지 쉽지 않은, 그런 미묘함이 있다. 그렇다고 어려운 것은 아니다. 우리가 지나치기 쉬운 것들을 놓치지 않는다면 누구나 잘해낼 수 있다. 찰떡 스피치의 훈련 역시 이것에 중점을 둘 것이다.

정확하게 말한다는 것은 전달력의 문제다.

우리가 할 수 있는 최대한의 노력을 기울여 듣는 사람이 쉽고 빠르게 이해할 수 있도록 말을 해야 한다.

미취학 아동이나 초등학생들에게 스피치를 교육할 때, 아이들에게는 무엇보다 '왜 말을 잘해야 하는지'를 충분하게 이해시키는 과정이 필요하다. 특히 소극적이고 내성적인 아이들의 경우는 훈련 자체를 굉장히 곤혹스러워하는데, 이때 처방약 같은 역할을 하는 것이 바로 '배려'의 이해다. 아이들도 단순히 자신을 위한 것이 아닌 상대를 위한 배려의 차원에서 말을 받아들인 후에는 훨씬 적극적인 자세로 말을 하려 노력한다. 그리고 그러한 과정이 아이들을 크게 변화시킨다.

전달력을 높이는 것에 어른들도 거부감을 가지지 않았으면 좋겠다. 별것 아닌 듯한 것들이 모여서 전달력을 높이고 또한 그것이 우리의 자신감을 키우는 데도 충분히 제 역할을 해낸다.

훈련에 앞서 '전달력'에 관해 이야기하는 이유는, 사람들이 전달력을 크게 중요하게 생각하지 않기 때문이다. 과거에도, 현재에도 말을 주고받는 데 크게 문제를 느끼지 않고 있고, 또한 그것의 중요성을 강요받지 않기 때문이다. 하지만 우리가 스피치에 관심을 가진 이상, 다른 사람보다는 조금 다르게 표현하고 싶어진 이상, 전달력의 중요성은 강요받아야 한다.

나는 알고 있다.
현재 당신의 전달력은 나쁘지 않을 것이고
소통에 문제를 일으키지도 않을 것이다.

하지만 기억하자.
찰떡 스피치에서 말하는 변화는
Change가 아니라 Better이다.

지금 당신의 상태가 어떠하든,
더 나은 상태가 여전히 남아 있고 그 변화를 기대해보길 바란다.

다음으로 매력적으로 표현한다는 것은 참 재미있는 일이다. 사람마다 고유의 개
성이 있고 각자의 표현 방식이 있다. 우리가 중점을 두어야 하는 것은 자신이 가진
매력을 잘 찾아 그것들이 잘 표현되도록 하는 것이다.

보기 좋은 떡이라도 맛이 없으면 다시 먹고 싶지가 않다. 그리고 제아무리 몸에 좋
은 떡이라도 맛이 좋아야 한다. 바로 이 맛이 매력이다. 매력이라는 것은 우리가
생각하는 것 이상으로 중요한 문제이다.

어떤 방식으로 표현되는 매력이든, 그것은 자기 자신에게 잘 어울려야 하고 다른

사람들이 봤을 때 공감을 느낄 수 있어야 한다. 그리고 가장 중요한 것은 스스로 어색함을 느끼지 않아야 한다. 그러기 위해서라도 자기 자신을 잘 파악하고 객관화 과정을 통해 스스로를 발견해나가야 한다.

잊지 말자. 무엇을 하든 어떻게 하든
우리는 매력적이어야 한다.

다음의 세 가지는 자신만의 매력에 보태어 사람들에게 전해져야 할 것들이다. 물론 이것들이 자신의 매력으로 거듭날 수도 있다. 앞으로 페이지를 한 장 두 장 넘기면서도 이 세 가지만큼은 늘 머릿속에 기억해두었으면 한다.

말을 잘하고자 마음먹은 당신이라면 기본적으로 사람에 대한 애정이 넘치는 사람일 것이다. 그것만으로도 변화는 시작되었다. 스피치의 특성상 책으로 모든 걸 함께 나누기에는 아쉬움이 있겠지만 아쉬움이 남지 않는 변화가 되도록 같이 노력해보도록 하자.

사투리가 고민인 당신에게

훈련에 앞서 함께 짚고 넘어가야 할 것이 있다면 바로 사투리다. 표준어와 사투리 사이에서 소통의 어려움을 겪고 있는 사람들이 있다. 특히 나이가 어릴수록 표준어를 완벽하게 구사하고 싶다는 고민을 토로하는 편이다. 단순한 욕구에서부터 표준어를 쓰는 사람들의 불편한 시선, 입을 열어 말을 하면 출신 지역이 바로 드러나는 것에 대한 부담, 그리고 왠지 전문성이 부족해 보일 것 같은 우려 등 그 이유는 다양하다.

누구나 그런 고민을 할 수 있다.
고민이 나쁜 것은 아니다.
충분히 이해할 수 있고 노력해봄 직한 가치도 분명하다.

그렇지만 고민하며 많은 것들을 놓치고 있는 상황이라면 그것은 문제가 된다. 사투리가 신경 쓰여 편한 자리가 아니면 말을 잘 하지 않는다거나, 중요한 프레젠테이션을 다른 사람에게 맡겨버린다거나, 사람들 앞에 서서 자신감이 넘치는 스피치를 하지 못한다면, 곰곰이 생각해볼 필요가 있다.

사실 말을 잘하는 데 있어 사투리는 큰 문제가 되지 않는다.
방송인 김제동 씨의 말투에서는 경상도 사투리 억양이 느껴진다. 그것도 아주 진하게. 하지만 누구도 그가 말을 잘 못한다고 생각하지 않는다. 누구보다도 쫀득쫀득하게 말을 잘하는 사람이다.

독일의 언어학자 레오 바이스게르버는 "인간은 평생을 통해 자신의 모어母語에 의
해 제어되고, 모어는 실제로 인간을 대신하여 사유하는 언어다"라고 말했다. 우리
의 모국어는 한국어다. 만일 한국어 안에서 표준어와 사투리를 구분한다면 사투
리는 충분히 모어가 될 수 있다고 생각한다. 어려서부터 사고하던 언어가 '교양 있
는 사람들이 두루 쓰는 현대 서울말'이 아니라는 이유로 절대 부끄러워하거나 감
추려 하지 말자. 사투리를 써서 자신을 완전하게 잘 표현할 수 있다면 그것이 더
온전한 소통을 만들어줄 것이다.

'사투리냐 표준어냐'보다 자신의 생각을 얼마나 잘 전달할 수 있느냐에 집중하자.
각 지방의 언어가 내는 느낌은 얼마든지 자신의 스피치 스타일로 표현될 수 있다.
사투리 역시도 자신만의 스타일로 만들어버리는 자신감을 갖는다면 이미 충분히
매력적인 사람이다.

그럼 지금부터 찰떡 스피치 훈련을 시작해보자!!

"어디선가 본 듯한 녀석일세."

오래도록 거울을 안 보았더니   不對靑銅久
내 얼굴도 이젠 알 수가 없네.   吾顔莫記誰
우연히 우물에 비친 모습을 보니   偶來方炤井
전에 어디선가 본 듯한 녀석일세   似昔稍相知

이규보(李奎報, 고려 후기 문인, 1168~1241)

자, 지금 당장 거울을 꺼내 들어보자.
자신의 얼굴이 다 들어가는 거울이면 족하다.
마음의 준비가 되었다면 이제 거울 속 내 얼굴을 보자.

소감이 어떠한가?

많이 늙었는가?
행복해 보이는가?
썩 나쁘지 않은가? 자꾸 보고 싶은가?

가만히 자신의 얼굴을 들여다보고 있으면 굉장히 만족스러운 사람도 있을 것이고, 이런저런 생각이 많아지는 사람도 있을 것이다. 현재 자신의 얼굴을 잘 기억해 두길 바란다. 사진으로 남겨두는 것도 좋은 방법이다.

스피치 훈련에서 떼려야 뗄 수 없는 것이 바로 거울이다. 지금까지 하루에 거울을 몇 번 보았든지, 이제부터는 최대한 많이 보려 노력하자. 이왕이면 생활공간 곳곳에 거울을 두는 게 좋다. 작은 거울, 큰 거울, 크기별로 마련해 얼굴도 보고 몸 전체를 볼 수 있도록 한다. 들고 다닐 손거울은 꼭 하나씩 준비해두자. 기념으로 예쁜 거울을 하나 자신에게 선물하는 것도 괜찮다.

말이라는 것은 단순히 소리의 전달만이 아니다. 자신이 가진 에너지를 전달하는 행위임을 기억하자. 에너지를 전달할 때는 얼굴 근육의 미세한 움직임까지도 그만의 의미를 띠며 상대에게 전해진다.

자신을 가장 잘 아는 것은 자기 자신이고, 자신을 크게 변화시킬 수 있는 것도 자

스피치는 끊임없이 자기 자신을 살피는 일이다.
표정의 변화, 근육의 움직임, 눈빛의 변화, 몸짓!
자신에게서 나오는 모든 것들을 읽어야 한다.

기 자신이다. 하지만 거울을 보지 않고 객관화하지 않는다면 익숙함에 젖어 변화할 수 없다. 거울을 보면서 냉철하게 평가하고 변화할 수 있도록 노력하자. 중요한 것은 하나다. 불필요한 메시지는 전하지 않으면서 최강의 긍정 에너지를 전하는 것. 외면의 변화가 함께 있을 때 목소리도 더 좋아짐을 경험할 수 있을 것이다.

자, 이제는 스마트폰의 녹음 앱과 친근해지자.
예전 같았으면 보이스레코더를 따로 준비해야 하는 번거로움이 있었지만,
요즘에는 정말 편리해졌다. 문명의 혜택(?)을 적극 누리도록 하자.

우선 평소 자신의 말하기를 녹음해본다. 처음에는 "이게 정말 나란 말이야?"라는 놀라움과 함께 실망 혹은 의외의 만족감을 느끼게 될 것이다. 실망했다면 만족을 위해 노력해야 할 것이고, 만족했다면 더 큰 만족을 위해 노력해야 한다. 훈련이 진행되는 동안에는 중간중간 쉴 새 없이 녹음을 하도록 한다. 이 버전, 저 버전, 스스로 변화를 시도하며 녹음하고, 작은 변화도 느낄 수 있도록 유심히 듣는 것은 필수다. 혼자만의 공간에서 부끄러워하지 말고 최대한의 능력을 발휘해 말하고 녹음하고 또 피드백하도록 하자.

역시나 문명의 혜택을 누리자.
스마트폰을 이용해 자신의 모습을 틈틈이 촬영한다. 처음은 물론이고, 연습을 하면서 단계 단계마다 최종 점검 차원에서 촬영하도록 한다. 셀카봉도 괜찮지만 이왕이면 자신의 몸짓까지 살필 수 있도록 미니 삼각대를 준비해 책상 위에 올려두

고 촬영하는 것이 좋다.

동영상만큼 자신을 객관화하기 쉬운 방법도 없다. 처음에는 얼굴과 더불어 몸매를 한눈에 본다는 것에 손발이 오글거릴 것이다. 그렇지만 오글거림을 극복하고 나면 카메라 마사지 효과로 점점 더 예뻐지고 멋있어지는 자신을 발견할 수 있다.

거울을 보고 녹음을 하고 또 촬영을 하면서 자기 자신을 새롭게 만나는 경험을 하게 될 것이다. 이러한 과정에서 우리는 자신과 친해지는 시간을 가질 수 있다. '아, 내가 이랬구나', '나에게 이런 면이 있었구나' 하며 몰랐던 사실을 알게 되고 사소하지만 깨알 같은 재미를 발견해나갈 수 있다. 그 와중에 잊지 말아야 할 것은 언제나 조금씩 좋은 방향으로 변화하고 성장해야 한다는 점이다.

이것만 보더라도 스피치를 위해서는 충분한 시간을 들여 적극적으로 움직이는 노력이 필요함을 알 수 있다. 그렇지 않다면 얻을 수 있는 게 그만큼 적어진다. 무엇보다 변화의 의지를 굳건하게 해야 하고, 반드시 자기 점검의 시간이 뒤따라주어야 한다.

그런 의미에서, 제발 30명, 50명, 많게는 100명이 강의실에 빼곡히 들어앉아 스크린을 보며 강의를 듣고 몇 마디 따라 해보는 것으로 스피치 훈련을 마쳤다고 생각하지 마라. 그런 것은 '이런 것이 있구나' 정도지 진정한 변화를 이끌어내기에는 턱없이 부족하다.

"전략의 첫 번째는
자신이 세상에서 현재 어디에 있는지 아는 것이다.
어디에 있었으면 좋겠다, 앞으로 어디에 있고 싶다가 아니라
지금 어디에 있는가이다.
두 번째는 5년 후 어디에 있고 싶은지 아는 것이다.
마지막은 현 위치에서 희망 위치로 갈 가능성을
현실적으로 평가하는 일이다."

— 잭 웰치Jack Welch

1장.

일단 목소리 한 번 바꾸고 가세.
_찹쌀 이야기

하 나 로 모 두 를 갖 는 다 , 목 소 리

스피치의 시작은 목소리다.
목소리로 자신을 느껴보라.
그리고 진실한 나의 목소리를 찾아라.
타고난 목소리를 다 쓸 수 있다면 인생을 바꿀 수 있다.

"너 목소리 좋다" 또는 "전화 목소리가 엄마(혹은 아빠)랑 똑같구나" 등의 주변 사람들의 반응에 잠깐 생각하게 될 뿐, 자신의 목소리에 크게 관심을 갖는다거나 골똘히 생각해본 적은 드물었을 것이다. 이제는 생각의 전환이 필요한 때다.

스피치의 시작은 목소리다.
목소리의 중요성은 이 책을 통째로 다 써서 강조하더라도 부족하지 않다.

그렇다면 지금쯤 "목소리는 타고나는 것 아닌가요?"라는 질문을 하고 싶을 것이다. 물론 목소리는 타고난다. 하지만 타고난 자신의 진짜 목소리를 제대로 내는 사람이 얼마 되지 않는다는 것이 중요하다. 무한한 가능성을 지니고 있을 자신의 목소리를 알아채지 못한 채 지나치고 있는 건 아닌지 생각해보아야 한다.

제대로 찾은 목소리는 사람들에게 편안함을 주고, 그로 인해 나의 신뢰도는 높아진다. 그리고 신뢰도와 함께 말이 잘 전달되면서 설득력 역시 높일 수 있다. 신뢰도와 설득력을 높여준다니, 꽤 괜찮은 일 아닌가.

몸을 울리면서 나오는 목소리는 스스로에게도 좋은 느낌을 준다. 체증이 내려가는 느낌이랄까, 말로 표현하자면 "뻥!" 뚫리는 시원함이 있다. 그 시원함 속에 진실성이 살포시 묻어나는데, 이 진실성이 매우 중요하다.

생체신호분석 전문가인 조동욱 교수는 다음과 같이 말했다.
"목소리는 크게 전달력과 호소력으로 구분할 수 있는데 파동이나 떨림 등의 분석을 통해 진실성 여부도 어느 정도는 알 수 있다. 옷 잘 입는 외모 단장도 중요하지만 마음과 진실이 담긴 목소리를 낼 수 있도록 노력하는 것도 그 못지않게 중요하다."
마음과 진실이 담긴 목소리, 욕심나지 않는가?

마음을 들여다봐야 비전이 더욱 선명해진다.
바깥을 보는 사람은 꿈을 꾸고,
안을 보는 사람은 깨어난다.

— 정신의학자 카를 융Carl Jung

난 누구, 여긴 어디?

"제 목소리는 너무 안 좋은 것 같아요."
"우연히 제 목소리를 들어봤는데, 뷁(?)이에요!"

사람들은 자신의 목소리에 크게 관심도 없지만, 그나마도 자신의 목소리를 그렇게 좋아하지 않음을 종종 느끼게 된다. 그런데 세상에 나쁜 목소리가 따로 있을까? 나는 없다고 생각한다. 감히 누가 목소리의 좋고 나쁨을 평가할 수 있겠는가? 다만 혼자 살아가는 존재가 아니다 보니 사람들이 조금 더 듣기 좋아하는 목소리가 있을 뿐이다. 목소리가 나쁘다고 말하는 것은 정말 나빠서라기보다는 제대로 된 발성을 하지 않고 바르지 못한 말하기를 하고 있기 때문이다. 그 얘기는 발성을 제대로 하고 말하기를 바꾼다면 누구나 좋은 목소리를 낼 수 있다는 것을 의미한다.

다시 한 번 부탁하건대 "누구누구 같은 목소리를 갖고 싶어요!"라는 생각은 하지 마라. 우리의 목표는 자기 자신이 들어 있는 담백하고 진실한 목소리를 찾는 것이다.

지금부터는 조금의 변화가 필요한 목소리와 잘못된 말하기에 대해 이야기해보고
자 한다. 혹시 자신의 목소리와 말하기가 아래의 항목에 한 가지라도 해당하는지
살펴보자. 자신의 특징을 잘 찾아냈다면 단점을 고치고 장점을 부각시킬 수 있는
훈련 과정으로 바로 넘어가도록 하자.

무無

자신이 누구인지 전혀 담겨 있지 않은 목소리로, 아무런 매력이 없는
무미무취의 소리다. 중저음이 아니어도 좋고 따뜻하지 않아도 좋다.
뛰어난 점이 없더라도 자신만의 매력이 있다면 그 또한 개성 있는 목
소리다. 흔히 정말 맛없는 음식을 먹었을 때 "네 맛도 내 맛도 없다!"고
표현하는 것처럼 **목소리도 매력이 없으면 네 맛도 내 맛도
없는 목소리가 된다.** 이러한 목소리는 자신감이 크게 부족해 보
이기 때문에 하루라도 빨리 자신의 소리를 낼 수 있도록 해야 한다.

아이 같은 목소리

신기할 만큼 어린아이의 목소리로 말하는 사람들이 있다. 주로 여성들
에게서 나타나는데 말을 할 때 '앙앙'거리는 느낌이 있어서 길을 앞서
가던 사람들도 뒤돌아보게 만들 만큼 튀는 소리다. 성인 여성이 아이

같은 목소리를 내면 상대에게 편안함을 줄 수가 없다. 더군다나 전문성이 필요한 업무를 하는 데 있어서는 치명적인 단점이 될 수 있다. 연애를 할 때는 애교스럽게 보여 좋을 수도 있겠지만 되도록이면 고치는 게 좋다. 자신이 낼 수 있는 최상의 톤을 찾아서 발성 연습 위주로 꾸준하게 연습해야 한다.

코맹맹이 소리

코가 막힌 듯이 내는 소리로 주로 남성들에게서 나타나는데, 비염이 있는 경우에도 나타난다. '콧소리'로 일컬어지는 이러한 소리는 개성이 되기도 하지만 맑은 느낌이 부족하다는 면에서 아쉬움이 있다. 콧소리가 심하다면 코끝을 엄지로 살짝 들고 말해보자. 소리가 훨씬 좋아짐을 느낄 수 있을 것이다. 발성 연습을 할 때 중저음의 톤으로 소리에 힘을 주어 연습하는 것이 좋다. 소리의 힘으로 콧소리가 덜 느껴지도록 해주는 것이 방법이 된다. 다만 아주 심한 경우라면 상대에게 청결하지 못한 느낌을 줄 수도 있으므로 이비인후과에서 근본적인 치료를 받는 것도 좋은 방법이 될 수 있다.

예쁘게 말하기

얼굴과 몸매가 예쁘면 착한 얼굴, 착한 몸매라는 칭찬을 받을 수 있다. 하지만 예쁘게 말하는 것은 잠깐은 몰라도 대중적으로 호감을 받기에는 부족함이 있다. 이때 '예쁘게'라는 말은 꾸며진 소리로 예뻐 보이게 말하는 것을 의미한다. 말투와 목소리 모두에 해당한다. 특히 공식적인 자리에서는 조심해야 한다. 예뻐 보이게 말했다가는 그저 예쁜 걸로 끝이 난다. 예쁜 것은 얼굴과 몸매로 만족하자. 소리만큼은 담백한 사람이 사랑받는다.

말끝이 갈라지는 목소리

쉽게 예로 든다면 맹구 목소리를 떠올리면 될 것이다. 맹구 목소리는 조금 과장된 면이 있다 하더라도, 적게나마 어미마다 갈라지는 소리가 나면 사람이 똘망똘망하게 느껴지지 않는다. 말끝을 흐려서 말하는 것과는 차이가 있는데 발성 연습을 할 때 어미 끝까지 소리가 잘 나올 수 있도록 신경 쓰는 것이 좋다.

오/우 위주로 움직이는 입

입의 크기가 상대적으로 작은 사람들이 오/우 발음을 위주로 말하는 경우가 많다. 말을 하고 있는데도 밥을 먹는 것처럼 오물오물대는 느낌이 난다. 앙증맞은 느낌은 있으나 시원시원하게 소리가 나지 않아 답답함을 줄 수 있다. 조금만 주의를 기울이면 고칠 수 있다. 거울을 보면서 광대뼈가 승천하는 느낌으로 아/에/이/으 모음 위주로 발음을 연습해보자. 중요한 것은 입을 옆으로 벌릴 때 '광대뼈가 승천하는 느낌'이다. 턱을 내릴 때도 시원하게 내려주고 입을 적극적으로 벌려보도록 하자.

으/이 위주로 움직이는 입

입의 크기가 상대적으로 크거나 평소에 웃는 인상을 가진 사람들 중에 유독 으/이 발음을 위주로 말하는 경우가 많다. 시각적 특징은 정면에서 보았을 때 가지런한 이가 활짝 드러나게 말을 하고 웬만해선 말을 하면서 턱을 잘 움직이지 않는다. '어'를 발음하면서 입의 모양은 '으'의 입 모양을 보인다. 당연히 뭉개진 '어' 소리가 난다. 주로 입을 옆으로 벌리면서 말을 해왔기 때문에 턱을 적극적으로 아래위로 움직여주는 연습을 해야 한다. 그래야만 입안의 공간이 넓어지면서 소리가 좋아진다. 처음에는 턱의 움직임 자체가 어색할 수 있지만 거울을 보면서 아/어/오/우 모음에 더욱 신경 쓰며 연습해보도록 하자.

어미 늘이면서 말하기

"~했는데요오오", "~그래서요오오", "그리고요오"

이렇게 어미를 길게 늘이는 말투는 젊은 여성들에게서 주로 나타나는 편이다. 친절하게 말을 하려다 보니 말의 늘어짐이 버릇처럼 굳어진 것이다. 중간중간에 가끔 들어 있는 말의 늘어짐에서는 친절함을 느낄 수 있고 애교스러움도 느낄 수 있다. 하지만 조사마다 어미마다 말을 늘이게 되면 신뢰감이 떨어지고 독립성, 책임감이 부족하게 느껴질 수 있다. 특히 신입사원이라면 녹음을 통해 이렇게 말끝이 늘어지고 있진 않은지 체크해보는 것이 좋다. 늘어지는 소리가 들린다면 어미를 딱! 딱! 끊어서 말하는 것을 연습해보자.

어미 음소거

여성은 말을 길게 늘어지게 하는 반면 남성은 그 반대인 경우가 많다. 어미까지 소리를 충분히 다 내지 않는 것이다. 말의 앞머리에는 힘을 줘서 얘기하고 끄트머리에서는 소리를 꺼버리는데, 얼버무리는 것과는 다르다. 음을 소거해버리는 것이다. 대개 군대식 화법이 남아 있는 경우가 그렇다. "**안**녕하십니까! **반**갑습니다!" 박력 있게 들릴 수도 있겠지만 말이 정확하게 들리지 않는 단점이 있다. 끝까지 소리 내어 어미까지 완전하게 말한다는 생각으로 습관을 들이는 것이 좋다. 어미만 정확하게 발음해도 말의 전체적인 느낌이 크게 달라질 수 있다.

공격적인 말투

특별히 공격적인 말을 하지 않았는데 듣고 나면 뭔가 공격받은 느낌을 주는 사람이 있다. 대개 어미에 강하게 힘을 주어 올려 말하는 사람들의 말투가 그렇다. 그런데 공격받는 대화를 즐길 사람이 어디 있겠는가. 의도와 다르게 오해를 불러일으킬 여지가 충분하다. "싸울래?" 하면 "그래, 싸우자!" 또는 "꺼져"라는 반응이 자연스럽다. 주변 사람들로부터 이런 지적을 조금이라도 받아본 사람이라면 친절하고 정성스럽게 말하는 것을 연습하도록 하자. 특히 어미에 주의를 기울여 어미를 내려주고 상대의 반응을 느껴가면서 말하는 것이 좋다.

성의 없는 말투

말을 툭툭 내뱉는 사람들이 있다. 마치 필요 없는 물건을 툭 던지는 느낌이다. 그렇게 뱉어진 말은 성의 없게 들릴 수밖에 없어서 듣는 사람은 자신이 배려받지 못한다는 느낌을 갖게 된다. 말투에 성의가 없으면 심혈을 기울여 준비한 내용이라 하더라도 그 정성을 전할 수가 없게 된다. 소중한 물선을 두 손으로 잘 내려놓는다는 느낌으로 말을 끝까지 잘 내려놓자. 어미를 내리고 끝까지 소리 내어 완전하게 말을 맺는 것을 연습하도록 하자.

말끝 흐리기

말을 끝까지 하지 않고 얼버무리는 것으로 자기 생각에 대한 확신이 부족하거나 어렸을 적의 버릇이 굳어진 경우에 나타난다. 청소년에게 이런 현상이 많은데 성인이 되어서도 이렇게 말하는 것은 너무나도 아쉬운 측면이 있다. 자신감이 없어 보이는 것은 물론이고 소통을 위한 준비가 되어 있지 않다는 인상을 줄 수 있다. 얼버무려 말하는 사람을 좋아할 사람은 없다. 자신의 생각이 정확하게 잘 전달될 수 있도록, 그래서 사람들이 끝까지 잘 들을 수 있도록 주의를 기울이자.

크기 조절 실패

지하철에서든 식당에서든 주변 상황을 가리지 않고 무조건 큰 소리로 말하는 사람들이 있다. 말은 다른 사람들에게 소음으로 느껴지는 순간 더 이상 의미가 없다. 반면 어디에서든 작은 목소리로 말하는 사람도 있다. 듣는 사람은 알아서 능력껏 들어야 하는 상황에 놓이게 된다. 소리가 너무 크거나 너무 작은 경우 둘 다 상대를 배려하지 못한 것이다. **목소리의 크기는 상황과 상대에 따라 알맞게 조절할 수 있어야 한다.** 그런데 어려서부터 크거나 작게 말하는 것이 굳어버린 경우에는 그 조절이 생각보다 잘 되지 않는다. 스스로 잘 느껴지지 않는다면 주변 사람들의 도움을 받아 고쳐나가도록 하자.

특정 단어 반복

특정 단어를 반복적으로 말하는 경우다. "정말", "사실은", "솔직히", "예를 들어" 등등 입버릇처럼 굳어져서 말 중간중간에 계속 말하는 것이다. 심한 경우 1분 동안 열댓 번을 말하기도 하는데 듣는 사람은 내용보다는 그 특정 단어에 신경이 쓰일 수밖에 없다. 습관적으로 자신도 모르게 반복하는 경우가 많기 때문에 되도록 **주변 사람들이 먼저 조언을 해주는 것이 좋다.** 그렇게 하고 있다는 것을 인지하게 되면 금방 고칠 수 있다.

가르치는 어투

누군가를 가르치는 직업을 가진 사람들이 쓰기 쉬운 어투다. 무슨 말을 해도 가르치는 것 같고 훈계하는 것 같다. 듣는 사람은 '왜 나를 가르치려 들지?' 하는 불쾌감을 느낄 수도 있다. 이런 말하기 습관이 있는 사람은 어떤 대화에서든 해결책을 제시해주려는 생각을 버려야 한다. 가르침에 대한 사명감과 부담감은 잠시 내려놓고 **경청과 "그랬구나"** 하고 받아들이는 말하기에 조금 더 집중하도록 하자.

숨 가쁘게 말하기

말의 속도가 빨라 스스로 숨 가쁘게 말하는 경우다. 유난히 말의 속도가 빠른 사람들의 말을 듣고 있으면 상대조차 호흡이 가빠진다. 내용을 듣기에 앞서 말의 속도를 쫓아가기가 힘들다. 성격이 급한 사람이 말의 속도도 빠른 경우가 많은데 말을 빠르게 해치우려는 경향이 있다. 또 호흡이 짧아 말을 후루룩 후루룩 하게 되는 경우에도 말의 속도가 빨라진다. 두 경우 모두 **자신이 말하는 것을 스스로 듣고 이해하면서 말하는 연습을 해야 한다.** 상대의 호흡이 나의 호흡과 함께 가고 있는지를 파악하면서 말하는 것이 좋다.

너무 천천히 말하기

말의 속도가 빠른 것 못지않게 너무 느린 것도 문제가 된다. 무작정 천천히 말할 때 전달력이 높아지는 것은 아니다. 상대가 들으면서 호흡이 답답하고 기다리고 있다는 느낌을 받는다면 그것 역시 좋은 말하기는 아니다. 누군가의 말을 천천히 기다리고 있기엔 요즘 사람들이 참 바쁘기 때문이다. 말이 느리다는 평가를 받는다면 **아침저녁으로 낭독을 하면서 우선 말하기 자체에 익숙해지는 것이 좋다.**

긴 문장으로 말하기

말을 하는데 도통 마침표가 없는 경우다. '그래서, 그런데, 그랬더니, 그렇지만, ~하고, 또' 등 많은 접속사와 조사를 써서 말을 계속 이어가는 것이다. 이렇게 문장을 길게 말하면 듣는 사람은 이해도 잘 안 될뿐더러 지루함을 느끼기가 쉽다. **문장에서 주어와 서술어는 시간적 거리가 멀지 않도록 가깝게 배치하는 것이 좋다.** 자신도 호흡에 맞춰 말하기가 편하고 듣는 사람도 내용을 잘 이해할 수 있게 된다.

하나씩 살펴보았을 때 '아, 이건 내 얘기인데?'라고 생각된다면 좋은 시작이다. 알고 나면 뭐든지 쉽게 고칠 수 있으므로 그 부분에 더욱 신경 써주면 된다. 자기 자신이 잘 파악되지 않는다면 꼭 녹음이나 녹화를 통해 확인하는 시간을 가지도록 한다.

좋은 목소리로 말하다

다음의 여섯 가지는 듣기에 편안하면서 좋은 에너지를 전해줄 수 있는 목소리에 관한 것이다. 이 여섯 가지 목소리는 앞으로 우리가 목표로 삼아 훈련하게 될 것이다. 자신의 매력을 극대화시키는 목소리는 어떠한 목소리가 될 것인지 살펴보도록 하자.

하나. 울림이 있는 목소리

누군가의 목소리가 공간을 울리는 느낌을 받아본 적이 있을 것이다. 울리는 느낌에 이어 종소리처럼 여운이 남기도 한다. 이렇게 공간을 울리고 소리의 여운이 남는 소리가 바로 울림이 있는 목소리다. 흔히 공명이 있는 목소리라고 말한다.

울림이 있는 목소리는 몸속 깊은 곳에서 올라와 몸을 울리면서 나오는 소리다. 울림으로 사람들의 시선을 끌기도 하고, 더불어 청명한 느낌이 있어서 진실함을 전하기에 매우 좋다. 울림이 있는 목소리의 가장 큰 장점은 자신감을 자연스럽게 나타내 보일 수 있다는 점이다. 어떤 자리에서 누구를 만나든 자신의 이미지를 긍정적으로 전하는 데 큰 도움을 주어 호감 가는 사람이 될 수 있다. 사람들은 울림이 있는 소리를 듣는 것을 좋아하기 때문이다.

울림이 있는 목소리에 에너지가 더해지고 발음의 정확도가 높아지면 상대의 귓속으로 소리가 아주 잘 들어간다. 귓가에만 맴돈다든가 공간에서 퍼지기만 하는 게 아니라 귓속으로 쏙 들어가는 것이다. 그래서 전달력이 굉장히 좋아진다. 사람들의 주의를 쉽게 끌 수 있고, 집중을 잘할 수 있도록 도와준다. 그렇기 때문에 다른 목소리보다 쉽게 상대의 마음을 움직일 수도 있다.

울림이 있는 목소리에 힘과 긍정적인 에너지를 더하면 자기 확신이 잘 전해진다. 목소리만으로 카리스마가 전해지면서 이성적 매력도 올라가게 된다. 보통 여성들은 울림이 있는 남성의 목소리를 좋아하는데, 매력과 함께 책임감이 강한 사람이라는 느낌을 받을 수 있기 때문이다.

울림이 있는 목소리는 너 나 할 것 없이 누구에게나 좋은 목소리다. 어떤 자리에 있는 사람이든지 노력의 결과를 충분히 얻어갈 수 있을 것이다.

울림이 있는 목소리를 내기 위해서는 복식호흡을 하고, 자신에게 잘 맞는 목소리

톤을 찾아야 한다. 그리고 소리의 힘을 길러주는 발성 훈련을 지속적으로 해나가야 한다. 무엇보다 소리의 지점을 정확하게 찾아내어 꾸준하게 훈련해나가는 것이 중요하다.

둘. 중저음의 목소리

중저음의 목소리는 낮은 톤으로서 들었을 때 굵직하다고 느껴지는 목소리다. 소리를 두께로 표현할 수 있다면 그 누께가 누꺼운 소리라 할 수 있다.

중저음의 목소리는 듣기에 편안해서 오래 들어도 쉽게 질리지 않는다. 그래서 사회생활을 하면서 다른 사람들과 오랜 시간을 보내는 우리에게 매우 필요한 목소리라 할 수 있다. 대신 무작정 톤이 낮아서는 안 되고 자신에게 잘 맞는 중저음이어야 한다.

중저음 목소리의 가장 큰 장점은 신뢰감을 준다는 것이다. 미국 듀크 대학과 캘리포니아 주립대 샌디에이고 분교(UCSD) 경영대학원 연구진은 프레젠테이션을 하는 CEO들의 목소리 주파수와 성공 관계(보수, 기업 규모, 재직 기간)에 대하여 조사했는데, 그 결과가 매우 흥미롭다. 저음의 목소리를 내는 CEO 집단이 다른 CEO 집단보다 더 많은 보수를 받고, 기업의 자산 규모 역시 훨씬 더 크다는 결과였다. 그리고 그것은 중저음의 목소리가 상대방에게 신뢰와 믿음을 줄 수 있기 때문인 것으로 연구진은 분석했다. 중저음의 목소리가 성공적인 CEO가 되는 데 도움을 주었을 것이라는 의미다.

이것이 미국의 CEO에게만 해당되겠는가. 무슨 일을 하든지 성과를 내고 성공하기 위해서 스피치를 훈련하는 것은 결코 헛된 일이 아님을 당신 역시 증명해줄 것이라 믿는다.

사람들이 중저음의 목소리에 대해서 갖는 오해 중 하나는 '중저음 목소리=남자 목소리'라는 것이다. 특히 여성들은 중저음의 목소리를 내는 것을 꺼려한다. 훈련 중 본인에게 맞는 중저음의 톤을 찾아냈을 때 "어머, 정말 이렇게 소리 내라고요?", "너무 남자 목소리 같아요"라고 말하는 여성들이 상당히 많다.

중저음의 목소리는 남성에게만 필요한 것이 아니다. 여성들의 중저음 목소리는 신뢰감뿐만 아니라 카리스마 역시 느낄 수 있다는 점에서 더 매력적이다. 김주하 앵커의 목소리를 떠올려보자. 여성 목소리로는 상당히 중저음이다. 자신에게 잘 맞는 톤을 찾아낸다면 훨씬 듣기 좋은 목소리를 낼 수 있다.

신뢰감을 줄 수 있는 목소리를 가졌다면 무엇보다 강력한 무기를 쥔 것이다. "안녕하세요, ○○○입니다" 인사하며 건네는 당신의 목소리가 또 하나의 명함으로 사람들에게 전해지게 될 것이다.

셋. 담백한 목소리

목소리의 담백함이란 가식이 느껴지지 않는 있는 그대로의 목소리다. 목소리의 담백함은 담백한 요리에 비유할 수 있다. 재료 본연의 맛을 살린 나물 요리는 씹으면 씹을수록 풍미가 입속에 퍼지듯이, 있는 그대로의 소리는 들으면 들을수록 말하는 사람의 진짜 매력을 느끼게 해준다. 또한 담백한 목소리를 통해 느껴지는 진솔함은 인간미를 보여줄 수 있어 더욱 매력적이다.

담백한 목소리를 내려면 있는 그대로의 목소리로 말하면 된다. 그런데 문제는 습관적으로 목소리에 어떠한 막을 씌운다거나 꾸며낸 소리를 내는 경우다. 그것이 교양의 느낌일 수도 있고, 다듬어진 느낌일 수도 있다. 하지만 과한 경우에는 가식적으로 느껴지기도 한다. 진솔함을 전하기가 어려워지고 속이 보이지 않는 사람으로 인식될 수 있다.

담백한 목소리는 우리가 편한 곳에서 편안한 사람들과 함께 있을 때 내는 목소리다. 밖에서도 늘 같은 목소리가 나온다면 좋겠지만 그렇지 않은 경우가 많다. 특히 여성은 그 차이가 다소 큰 편인데 이 차이를 줄여나가는 데 초점을 맞춘다면 담백한 목소리를 이해하기가 쉬울 것이다. 보통 10년 이상 직장 생활을 한 여성의 목소리에는 담백함보다는 꾸밈이 들어 있는 경우가 많았다. 실제 목소리보다 조금 더 다듬어져 교양 있는 사람의 느낌이 나는 목소리다.

외국 IT기업에서 근무하는 40대 여성 A씨 역시 그랬다. 건강상의 문제로 1년 동안 직장을 쉬었던 그녀는 업무 복귀에 앞서 수업에 참여하게 되었다. 처음 만났을 때 그녀는 휴직의 공백으로 인해 동료들에게 뒤처지게 될까 불안함을 느끼고 있었다. 그녀는 고상한 목소리로 말도 참 잘했다. 그런데 그녀의 목소리는 다듬어진 느낌이 강했고 말을 할 때 왠지 모르게 방패 같은 느낌이 있었다. 나는 그녀와 있는 그대로의 목소리에 대해서 이야기를 나누었고 훈련을 시작했다. 얼마 지나지 않아 그녀는 갑자기 눈물을 쏟아냈다. 어릴 적의 목소리를 느꼈다고 했다.

담백한 목소리를 내는 것은 자신에게도 중요한 문제다. 꾸며진 목소리는 사회생활에 도움이 되기도 하지만, 정도가 과하면 타인과 갈등이 생기거나 감정적 한계에 부딪혔을 때 도움이 되지 않는다.

담백한 목소리를 내자. 나도 편하고 듣는 사람도 좋은 기분을 느낄 수 있다. 뭐니 뭐니 해도 내가 편안해야 다른 사람들도 편안하다.

넷. 따뜻한 목소리

목소리만으로도 마음을 편안하게 해주는 사람들이 있다. 목소리가 따뜻한 사람들이다. 대표적인 사람으로 아나운서 이금희 씨와 방송인 김창완 씨가 있다. 그들의 목소리는 가식적이지 않으면서 따뜻하고 안정적이어서 사람의 마음을 어루만지는 힘이 있다. 구구절절 말을 하고 있지 않은데도 왠지 모르게 전해지는 위안을 느낄 수 있다.

또 한 사람은 성우 정형석 씨다. 한 사람의 목소리가 이렇게 많은 광고에 나온 적이 있었나 싶을 정도로 그의 목소리는 인기가 높은데 다큐멘터리에서도 그의 활약은 두드러진다. 감성적인 그의 목소리는 매우 편안해서 시선을 집중시키고 감상할 수 있게 해준다. 역시나 따뜻한 목소리로 사람의 마음을 어루만지는 힘이 있어서 동기를 일으키기에도 부족함이 없다.

따뜻한 목소리를 싫어하는 사람은 아마 없을 것이다. 목소리가 튀지 않고 적대감이 없어서 거부감이 들지 않기 때문이다. 또한 '이 사람은 나를 배려하고 있구나' 하는 느낌을 받을 수 있다. 아쉽게도 이렇게 좋은 따뜻한 목소리는 인위적으로 만들기가 어렵다. 아마도 따뜻한 마음이 가져다주는 소리가 아닐까 싶다. 그래서 더 진실한 면이 있다. 만일 누군가의 목소리가 당신의 마음을 어루만져준다면 그 사람은 당신에게 따뜻한 마음을 전하는 중일 것이다.

따뜻한 목소리를 가진 사람들이 주의할 점이 있다면 따뜻한 목소리는 자칫 어두운 느낌을 동반하기가 쉽다는 것이다. 그렇기 때문에 스스로 우울하고 어두운 감정보다는 경쾌하고 밝은 감정을 담아낼 수 있도록 노력한다면 훨씬 더 좋은 목소리를 낼 수 있다.

다섯. 나이와 어우러지는 목소리

30대의 목소리를 가진 50대 vs. 50대의 목소리를 가진 30대
둘 중 어느 사람의 목소리가 더 듣기 좋을까?

둘 다 아니다. 피부와 신체는 나이보다 어리면 어릴수록 좋을지 몰라도 목소리만큼은 자신의 나이와 잘 어우러지는 것이 좋다. 특히 전문성을 요구하는 직장인 혹은 직급이 높은 직장인일수록 더욱 그렇다.

금융기관의 지점장으로 근무하고 있는 B씨는 희끗희끗한 머리와 풍채 좋은 몸집으로 푸근한 인상을 주는 50대 남성이다. 그의 장점은 보통 남성들보다 말을 굉장히 잘한다는 것이었다. 평소 가족들과의 대화를 즐긴다는 그는 생활 속 에피소드를 재미있게 풀어내는 능력을 갖고 있었다.

하지만 그런 그에게 단점이 있었으니 바로 목소리가 30대 중반의 남성 같다는 점

이었다. 그가 지점장이라는 직함을 갖고 있지 않았더라면 큰 문제가 되지 않을 것이다. 오히려 예부터 "목소리가 젊으면 오래 산다"는 말이 있으니 그 또한 좋을 수 있다. 하지만 그의 고민은 직원들에게 말을 할 때 위엄이 떨어진다는 것이었다. 문제는 그것이다. 목소리의 젊음은 가벼움으로 이어지기가 쉽다.

훈련을 하면서 그는 목소리에 무게감을 싣는 데 중점을 두었고, 그가 가진 생동감에 소리의 깊이를 더해나갔다. 자신과 어우러지는 목소리를 내게 된 그의 말은 설득력이 훨씬 높아졌고 듣기에도 굉장히 편안해졌다. 그래서 말을 맛깔스럽게 하는 그의 장점이 더 큰 빛을 발하게 되었다.

그의 경우처럼 변화는 어려운 것이 아니다. 변화란 완전히 새로운 것, 전혀 다른 것으로 바꾸는 것이 아니라 부족한 부분을 채워 자신의 장점을 더욱 살리는 것이다. 자신의 목소리가 자신의 나이, 직업과 잘 어우러지는지 생각해보는 시간을 가져보자.

여섯. 음역대를 넘나드는 목소리

중저음의 목소리를 가진 사람들은 듣기 좋은 목소리를 가진 반면 임팩트가 부족할 때가 많다. 하나의 톤으로 소리를 내다 보면 말을 할 때 구간마다 일정하게 힘이 들어가면서 의미의 강약이 불명확하게 되고 강조의 힘은 약해진다. 매력적으로 말하기 위해서 그리고 전달력을 높이기 위해서는 여러 음역대의 소리를 훈련하거나 말의 강약과 템포의 변화를 통해 소리에 다양성을 주는 것이 좋다.

음역대를 잘 넘나드는 목소리는 임팩트가 있어 사람을 휘어잡는 매력이 있다. 그런 매력을 가진 사람으로 배우 성동일 씨가 있다. 배우들은 자신의 기존 이미지에 맞는 역할을 하게 되는데 여기에는 목소리도 큰 몫을 차지한다. 이를 거부하는 배우가 바로 그다. 그는 여러 작품에서 전혀 다른 캐릭터를 어색함 없이 소화해내는데 그의 연기에는 목소리를 가지고 노는 탁월한 재주가 뒷받침되어 있다.

소리에 다양성을 준다는 것은 쉬운 일은 아니지만 그렇기 때문에 그 가치가 더욱 빛이 난다. 도드라지지도, 티나지도 않으면서 사람들의 마음을 움직일 수 있다. 특히 브리핑을 통해 수익을 내는 직업을 갖고 있다면 음역대를 넘나드는 자유로운 스피치를 권한다.

찰 떡 훈 련
복 식 호 흡 - 발 성 - 발 음

첫 번째. 복식호흡

가장 먼저 복식호흡을 해보도록 하자. 복식호흡은 호흡을 할 때 주로 횡격막과 복근을 이용해 숨을 깊게 쉬는 방법이다. 복식호흡은 목소리에 깊이를 더해주고 편안하게 말할 수 있도록 해준다. 흔히 말하는 '목에서 나오는 소리'가 아닌 몸이 울려서 나오는 깊은 소리를 낼 수 있기 때문이다. 좀 더 단단하고 힘 있는 목소리가 가능해진다. 또한 복식호흡이 몸에 배면 연설, 프레젠테이션, 면접과 같은 떨리는 순간에도 긴장감이 덜 노출되는 효과가 있다.

그럼 지금부터 몸속 깊은 곳까지 공기를 넣어준다는 느낌으로 호흡해보자.
코로 숨을 들이마셔 몸속에 채울 때 어깨는 움직이지 않고 배가 앞으로 나와야 한다(이때 몸을 벽에 기대어 어깨가 올라가지 않도록 하는 것도 도움이 된다). 처음에는 어깨가 자꾸 올라가려 한다거나 배가 앞으로 나온다는 게 어색하게 느껴질 수도 있다. 의식적으로 배의 근육을 이용해 배를 앞으로 내밀어주고 당겨주는 것이 좋다.

편안한 자세로 정면을 바라본다.
↓
입은 다물고 코로 공기를 마신다. 5초간 천천히 마신다.
↓
배에 공기를 채워준다는 느낌으로 배를 앞으로 내민다.
(어깨는 편안하게 내리고 올라가지 않게 한다.)

↓
입으로 공기를 뱉어준다.
배가 들어가면서 "후우~~~~~"
(한 번에 훅 뱉지 말고 일정하게 조금씩 뱉는다.)

↓
몸속에 공기가 남아 있지 않다고 느껴질 때까지 뱉는다.
↓
10번 반복한다.

처음 복식호흡 자체가 어색하다면 누워서 연습하는 것도 좋다. 주의할 점은 공기를 마실 때 배가 나와야 하고, 호흡을 뱉을 때 배가 들어가야 한다는 점이다. 당연한 것 같지만 의외로 이것을 헷갈려 하는 사람들이 많다.

말을 잘하기 위해서 호흡을 편안하게 하는 것은 기본적이면서 가장 중요한 문제이기도 하다. 예전에 외국에서 거주하던 어느 학생이 방학을 맞아 한국에 들어와서는 시간을 쪼개어 스피치 수업에 참여한 적이 있었다. 그 학생은 평소 외국인 친구들과 함께 생활을 하면서 말에 대한 스트레스가 너무나도 심하다고 했다. 왠지 모르게 놀림거리가 되는 것 같았고 심지어 부모님과의 대화도 자꾸만 피하게 되었다고 했다.

나도 처음에는 그 친구의 말을 이해하기 위해 유심히 들었음에도 말뜻을 추측해야만 했다. 말을 한다기보다 헐떡인다는 느낌이 강했기 때문이다. 당장이라도 숨넘어갈 듯 껄떡껄떡 말하는 것이다. 당연히 말의 속도는 빨랐고, 말을 하는 본인도 힘들고 듣는 사람 역시 편하게 들을 수 없는 상태였다.

그 친구의 문제는 바로 호흡에 있었다. 자세히 살펴보니 말을 하면서 숨을 편안하게 쉬지 않고 있다는 것을 알 수 있었다. 말하기 전 한 번 들이마신 호흡을 쪼개고 쪼개어 많은 양의 말을 하고 있었다. 당연히 호흡은 부족하고 거친 숨소리와 함께 말의 속도는 빨라져서 발음 역시 뭉개질 수밖에 없었다.

내가 해줄 수 있는 말은 "숨 쉬면서 말해요"였다. 훈련은 복식호흡부터 시작했다. 우선 호흡을 편안하게 가질 수 있도록 하고 말을 하면서도 안정적으로 호흡을 이어갈 수 있도록 훈련했다. 결과는? 눈에 띄게 달라지고 좋아졌다.

말을 할 때 호흡을 제대로 하고 있는지 생각하는 건 말처럼 쉽지 않다. 우리가 의식적으로 호흡하지 않기 때문이다. 말을 할 때는 항상 편안한 호흡을 느끼면서 말하는 것이 좋다. 한 번의 호흡에 적당한 양의 말을 하고 여유를 가져야 대화 상대방과도 호흡을 잘 맞춰나갈 수 있다.

그렇다면 복식호흡을 하며 시간을 측정해보자. 몇 초가 나오는가? 만일 측정된 시간이 10초 이하라면 말하는 데 호흡량이 부족하다고 봐야 한다. 말을 빠르게 하거나 소리를 끝까지 내지 않는 습관을 가지고 있을 수 있다. 복식호흡으로 공기를 충분히 들이마시고 길게 뱉는 연습을 꾸준히 하도록 하자. 최소한 15초 이상 하는 것이 좋다.

5초 동안 코로 공기를 들이마시면서
배에 서서히 채워준다.

(하나−둘−셋−넷−다섯!)

↓

공기를 머금은 상태로 3초 참는다.

(하나−둘−셋!)

↓

입을 벌리고 [아] 소리를 낸다.

(아~~~~~~~~)

↓

도저히 더 이상 소리 낼 수 없다고 느껴질 때까지 한다.

↓

"아~" 시간을 측정한다.

두 번째. 발성

복식호흡이 자연스러워졌다면 이제 복식호흡을 하면서 소리를 내보자. 공기를 마셨을 때 배가 나오고 공기를 뱉을 때 배가 들어간다. 공기에 소리를 얹는다는 느낌으로.

"아~~~~"

반복해서 강조하자면 당연히 소리를 낼 때 배가 들어가야 한다. 변화를 주면서 소리 내보자. 한 호흡으로 길게 소리내기도 하고 짧게 스타카토로 소리 내기도 한다. 소리를 짧게 낼 때 배가 꿀렁꿀렁 하는 느낌을 받는다면 잘하고 있는 것이다.

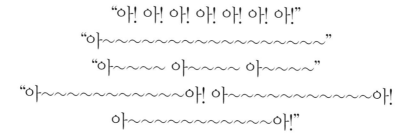

배에 채운 공기가 입을 통해 나갈 때, 공기와 소리가 함께 나간다는 것을 스스로 느껴본다. 그리고 발성 연습을 할 때는 스스로 잘 들어야 한다. 처음에는 일정한 톤으로 소리 내기가 쉽지 않은데, 일정해지도록 체크를 해보고 어떤 느낌의 소리를 내고 있는지 귀를 기울여보자.

하나. 톤tone

본격적인 발성 훈련을 하기 전에 우선 자신의 목소리가 갖는 기본적인 톤을 잘 잡아야 한다. 어느 톤이든 본인에게 잘 어울린다면 나쁘지 않겠지만 이왕이면 중저음의 톤을 훈련해볼 것을 권한다.

중저음이되 자신에게 잘 어울려야 하고 편안함이 느껴져야 한다. 만일 중저음만을 고집하면서 자신에게 맞는 톤보다 너무 낮은 톤을 택하면 생상히 어색할 수 있다. 마치 어린아이가 엄마의 굽 높은 구두를 신고 립스틱을 바른 느낌이 난다. 매우 낮은 톤부터 시작해 한 단계 한 단계 올려보면서 "이거야!" 하는 순간을 놓치지 않고 잘 잡아내야 한다.

쉽게 찾을 수 있는 방법은 소리를 냈을 때 순간적으로 유독 잘 울리면서 나오는 톤이 있다. 많은 사람들의 경우에 비추어보았을 때, 대개 자신이 낼 수 있는 가장 낮은 톤보다 한 단계 높은 톤이 잘 맞았다. 그것이 아니라면 자기 자신과 다른 사람들이 들었을 때 소리를 통한 울림이 극대화되는 톤이 잘 맞을 확률이 높다.

톤을 잘 잡아냈다면 연습을 할 때 그 톤을 기본으로 삼는다. 복식호흡은 물론이고 기본적인 톤이 흔들리지 않고 일정하게 유지되도록 한다. 처음에는 일정한 톤으로 소리 내는 것이 어려울 수도 있다. 스스로 잘 들어가면서 소리 내본다. 일정하게 유지가 잘 된다면 필요에 따라 톤을 조절해가며 소리 내본다.

둘. "안녕하세요, _____ 입니다."

발성 연습을 할 때는 "안녕하세요, _____입니다"라는 문장으로 연습할 것을 추천한다. 우리가 누군가를 만났을 때 가장 먼저 하게 되는 말이기도 하고 가장 잘 해야 하는 말이기 때문이다.

첫인상에는 많은 요인들이 작용하지만 그중 하나가 목소리다. 그리고 외모와 패션이 만든 첫인상을 반전시키는 것 역시 목소리가 될 수 있다. 그래서 사람들을 만나 좋은 인상을 남기고 싶다면 매력적인 목소리와 발성으로 인사하고 자신의 이름을 말할 수 있어야 한다.

"안녕하세요, _____ 입니다."

가만히 살펴보면 인사를 하면서 자신의 이름을 제대로 말하지 않는 사람들이 상당히 많다.

"명함을 주는데요."

"제 이름이 그렇게 중요한가요?"

"어차피 말해도 기억 못해요."

하지만 어떤 자리에서 누구를 만나든 다른 건 몰라도 자신의 이름만큼은 뚜렷하게 말할 수 있는 사람이어야 하지 않을까. 자신감의 표현은 이름을 말하는 순간부터 시작된다.

사실 "안녕하세요, _____입니다"라는 짧은 인사말에 그 사람의 스피치 실력이 모두 들어 있다고 해도 과언이 아니다. 울림과 담백한 목소리에서 확신과 자신감이 느껴져야 하고, 말의 속도는 느리지도 빠르지도 않아 여유로움이 있어야 하고, 또 어미는 늘어지지 않고 깔끔하게 끝맺어 또렷한 인상을 남겨줄 수 있어야 한다.

무엇보다 이름은 정확하게 발음해주어 상대가 짐작하지 않아도 바로 기억할 수 있도록 해야 한다. 연습을 잘해나간다면 "안녕하세요"라는 인사 한마디로 사람들의 시선이 자신에게 집중되는 순간을 만끽할 수 있을 것이다.

그렇다면 밝고 환하게 매력적으로 인사해보자.
주의! 복식호흡은 기본이다.

안녕하세요 ✓(쉬고) 홍길동입니다.
안녕하세요 ✓(쉬고) 홍길동입니다.
안녕하세요 ✓(쉬고) 홍길동입니다.
안녕하세요 ✓(쉬고) 홍길동입니다.
안녕하세요 ✓(쉬고) 홍길동입니다.
안녕하세요 ✓(쉬고) 홍길동입니다.
안녕하세요 ✓(쉬고) 홍길동입니다.
안녕하세요 ✓(쉬고) 홍길동입니다.
안녕하세요 ✓(쉬고) 홍길동입니다.
안녕하세요 ✓(쉬고) 홍길동입니다.
안녕하세요 ✓(쉬고) 홍길동입니다.
안녕하세요 ✓(쉬고) 홍길동입니다.
안녕하세요 ✓(쉬고) 홍길동입니다.
안녕하세요 ✓(쉬고) 홍길동입니다.
안녕하세요 ✓(쉬고) 홍길동입니다.
안녕하세요 ✓(쉬고) 홍길동입니다.
안녕하세요 ✓(쉬고) 홍길동입니다.
안녕하세요 ✓(쉬고) 홍길동입니다.

가장 매력적인 인사말의 느낌을 찾아내기 위해서는 백 번을 말해봐도 좋다.
인사에 자신감이 생겼다면 이제 이어서 멘트를 확장해보자.

"안녕하세요, 홍길동입니다."
↓
"안녕하세요, 한국대학교 홍길동입니다."
↓
"안녕하세요, 한국대학교 홍길동입니다.
이렇게 참석해주셔서 고맙습니다."
↓
"안녕하세요, 한국대학교 홍길동입니다.
이렇게 참석해주셔서 고맙습니다.
그럼 지금부터 시작하도록 하겠습니다."

이렇게 인사에서 시작해서 자신이 평소에 자주 말하는 문장으로 내용을 이어나
간다. 소리가 잘 전달되고 있는지, 좋은 에너지가 잘 전달되고 있는지 느끼면서 계
속 소리 내본다.

발성 연습을 할 때는 어떤 내용으로 해도 상관이 없다. 신문을 읽어도 좋고 잡지
를 읽어나가도 좋다. 다만 평소에 자주 하는 말과 잘해야 하는 말로 구성한다면

실전에서 많은 도움을 받을 수 있을 것이다. "연습은 실전처럼, 실전은 연습처럼"이라는 말처럼 꾸준하게 연습하다 보면 정말 중요한 순간에 역량을 더 잘 발휘할 수 있다.

"안녕하세요, 한국대학교 홍길동입니다.
이렇게 참석해주셔서 고맙습니다.
그럼 지금부터 시작하도록 하겠습니다.
역사 속의 도적과 의적!"

평소 자신이 자주 하는 말과 잘해야 하는 문장들을 써보자.

셋. 소리 모으기

발성 연습을 하는 데는 소리가 잘 모아지도록 하기 위함도 있다. 입에서 말이 나오자마자 소리가 멀리 나아가지 못하고 가까운 공간에 흩어져 퍼지는 경우가 있다. 소리가 목적지까지 전달된다는 느낌이 없어 사람들의 시선을 끌어모으기가 어렵다. 그리고 상대의 귓속에 잘 들어가지 못하다 보니 흘려듣기가 쉬워진다. 사람들이 많은 공간 혹은 집중을 받아야 하는 상황이라면 소리를 잘 모아서 정확하게 보내주어야 한다.

좋은 소리는 사람들이 크게 집중하지 않아도 귓속으로 쏙쏙 잘 들어간다. 상대가 집중할 수 있도록 도와주고 내용 전달 역시 수월하게 되다 보니 그것만으로도 자신의 매력 포인트가 될 수 있다. 특히 프레젠테이션이나 회의의 경우 결정권을 지닌 사람들이 잘 듣게 됨으로써 설득력을 높이는 데도 도움을 줄 수 있다.

흘어지지 않고 잘 모아지는 소리를 내기 위해서는 발성 연습을 할 때 우선 입 밖으로 소리가 잘 나와야 한다. 입안에서 소리를 웅얼웅얼대서는 안 된다. 우리의 조동기관과 조음기관이 활시위라면 소리는 화살이라고 생각하자. 활이 탁 쏘아지듯이 소리가 시원하게 뻗어나가는 느낌이 있어야 한다.

가장 간편하게 할 수 있는 방법은 편안하게 서서 멀리 가상의 점을 하나 찍는 것이다. 그리고 그 지점을 향해 소리를 보낸다는 생각으로 말을 해본다. 최대한 시원하게 소리를 보내준 후에는 지점을 향해 소리가 잘 가고 있는지 들어보아야 한다. 단, 보내준다는 느낌을 쏘아대듯이 말하는 것으로 오해하지 않기를 바란다.

넷. 소리에 웃음 담기

사람들에게 긍정적인 에너지를 전해줄 수 있는 방법은 바로 소리에 웃음을 담는 것이다. 소리에 웃음을 담는다? 어떤 것일까? 결론부터 말하자면 굉장히 매력적인 것이다. 거울을 보면서 꼭! 반드시! 한 번이라도 해보길 바란다.

일상생활에서 누군가의 목소리를 들었을 때 살짝 기분이 좋아지고 미소가 지어지는 경험이 있을 것이다. 소리에 웃음을 잘 담는다는 것은 그렇게 말을 통해 사람들을 미소 짓게 할 수 있는 것이다. 목소리에 기쁨이라는 감정이 묻어나 소리 내서 크게 웃지 않는데도 목소리에 생기가 있어 듣는 사람의 기분까지 좋게 해준다.

아마도 이것은 우리 뇌 속 거울 뉴런의 효과가 아닐까 싶다. 거울 뉴런은 다른 사람이 한 행동을 관찰하기만 해도 자신이 그 행동을 직접 할 때와 똑같은 활성을 보이는 신경세포다. 보는 것 외에도 행동을 통해 나는 소리에도 그 행동을 그대로 하는 것과 같은 활성을 보인다 하니 우리가 말 속에 웃음을 담았을 때 어떤 효과가 있을지 짐작할 수 있다.

소리에 웃음을 담는 것은 분명 어려운 것이 아니다. 그런데 처음부터 잘 되는 사람이 있는가 하면, 아무리 해도 마음만큼 잘 되지 않는 사람이 있다. 평소 말을 할 때 웃음을 담아본 경험의 차이에서 온다. 소리에 웃음을 잘 담는 사람의 얼굴을 들여다보면 말을 하는 모습이 굉장히 매력적이라는 것을 알 수 있다. 꼭 놓치지 않고 내 것으로 만들어야 하는 것 중 하나다.

그리고 생각해보자. 우리가 하루에 웃는 시간이 얼마나 되겠는가. 어느 설문조사에 따르면 직장인 10명 중 4명은 하루에 한 번도 웃지 않는다고 하니, 왠지 슬픈 일이다. 그런데 소리에 웃음을 담으면 말을 하는 내내 웃고 있는 효과가 있다. 건강을 위해서도 참 좋은 말하기가 아닐까 싶다.

자, 그렇다면 웃음을 담아 말해보자.

크게 소리 내어 웃는다.
아하하하~! 아하하하~!
↓
웃는 상태에서 그대로 말을 한다.
↓
웃음소리(하하하)만 줄인다.
↓
그 상태로 소리 내어 말한다.

소리가 웃으려면 표정만 웃어서는 잘 되지 않는다. 무엇보다 진짜 마음이 웃어야 한다. 그래서 연습을 할 때는 경쾌하고 좋은 기분으로 하도록 하자. 정말 뜬금없는 글을 읽으면서도 웃음을 담아야 한다. 웃으면서 말하기를 꾸준하게 하다 보면 실생활에서 자연스럽게 말 속에 웃음을 담을 수 있게 된다.

목소리가 메마르지 않은 사람은 감성 역시 메마르지 않는다고 믿는다.
목소리에 웃음을 담아 소중한 우리의 감성을 지켜나가도록 하자.

소리에 웃음을 담아 다음 글을 읽어보자.

송나라의 유명한 문장가 구양수는 말했습니다.
"책 읽기 가장 좋은 곳은 침상, 말안장, 화장실이다.
책 읽고자 하는 뜻이 진실하다면 장소는 문제될 게 없다."
말도 마찬가지입니다.
말을 하기 가장 좋은 곳은 안방, 자동차, 화장실입니다.
말을 하고자 하는 마음이 진실하다면 그게 어디든 상관이 없습니다.

구양수는 또 말했습니다.
"다독다작다상량."

글을 잘 쓰려면 많이 읽고, 많이 쓰고, 많이 생각하라는 뜻입니다.
말도 마찬가지입니다.
말을 잘하려면 말을 많이 듣고, 많이 하고, 많이 생각해야 합니다.

다섯. 발성과 감정 표현

다양한 감정을 담아 표현하고 발성하는 연습이다. 기쁨, 슬픔, 분노 등 자신이 느껴보았던 감정의 기억을 떠올리면서 연습해보자. 감정에 따른 소리의 변화를 잘 들어보는 것이 좋다.

기쁨, 유쾌

하하하하, 정말 웃긴다. 하하하, 자꾸 웃음이 나와.

그러니까 네가 고속도로를 달리는데 화장실을 가고 싶었다는 거지?

그런데 남자친구가 휴게소에 차를 안 세워줬고?

크크크 야, 싸버리지 그랬어, 으흐흐 남친 얼굴이 노래졌을 텐데.

너도 대단하다, 얘. 그걸 참고 서울까지 왔다는 거 아냐. 하하하.

소변은 참으면 병 되고, 대변은 참으면 약 된다는데, 대단하다 너! 하하하.

화남, 분노

다시는 그런 말 하지 마.

네가 나에 대해서 뭘 안다고 그래? 뭐? 똑바로 살아?

감히 나한테 그런 말을 해? 너나 똑바로 살아, 너나.

네가 나한테 그러고도 잘 살 수 있을 거 같아?

너 두고 봐!!

남의 눈에 눈물 나게 하면 네 눈엔 피눈물 나는 거야.

인생 그렇게 살지 마!

슬픔, 애환

아버지…… 이렇게 가시면…… 저는 어떻게 하라고……

왜…… 말씀 안 하셨어요…… 왜 아프다는 말씀을 안 하셨어요……

제가 이 죄책감을 평생 안고 가야겠죠……

죄송해요, 아버지……

제가 부족해서…… 아버지께 힘이 돼드리지 못했어요……

제 몸 하나 건사하느라 아버지를 돌보지 못했어요……

아버지……

여섯. 생활 속 발성

발성 연습을 하려면 따로 시간을 내야 한다고 생각할 필요는 없다. 밥을 먹고 화장실 가는 것처럼 일상생활의 일부분으로 받아들이면 좋다.

개인적으로 가장 좋아하는 발성 연습은 **닥치는 대로 글자를 소리 내서 읽는 것**이다. 간판이든 영수증이든 상황이 허락된다면 가리지 않고 소리 내서 읽는다.

특히 집에서는 적극적으로 시도해야 한다. 샤워하거나 머리를 감을 때 그리고 볼일을 볼 때 가만히 있기보다는 소리를 내고 말을 하는 것이다. 더군다나 화장실은 소리가 잘 울려서 다른 공간보다 목소리를 더 잘 들을 수 있다.

다음은 샤워를 하면서 혼자 말해보는 상황을 예로 든 것이다.

"오늘 아침은 기분이 상쾌하네요. 샤워를 하니깐 기분이 더 좋아지는데요?
저는 이제 샤워를 마치고 나면 맛있는 아침을 먹고 출근할 거예요!
일찍 일어난 덕분에 지옥철이 아닌 지하철을 탈 수 있을 거 같아요.
오늘은 저희 팀의 최 과장님 생신이래요. 와우~!!
그래서 저희 팀원들끼리 생일 파티를 준비했어요.
돈을 모아 선물도 샀답니다. 요즘 많이 바빠서 팀원들 챙길 시간도 없었는데
오늘은 과장님 생신을 축하할 수 있어서 제 기분이 좋습니다.
자! 이제 샤워를 마쳤습니다. 다음에 또 만나요!"

가족들 앞에서는 이것저것 시도해보면서 평가받는 것을 즐기도록 한다. 예를 들어 "여보, 리모컨이 어디 있지?"를 평소와는 다르게 에너지를 가득 담아 중저음의 목소리로 말해보는 것이다. 처음에는 서로 어색하겠지만 익숙해질 때까지 반복한다. 언젠가는 가족들의 귀가 여러분의 코치가 돼줄 것이다.

운전 중 연습도 빼놓을 수 없다. 조용히 운전만 하기보다는 복식호흡을 하며 배 근육에 힘을 주어 배를 당겨준다. "아! 아! 아!" 발성 연습도 하고 웃으면서 말하기를 연습하기도 한다. 다음은 운전 중 혼자서 연습하는 상황이다.

"안녕하세요, 길동입니다. 오늘은 일요일인데요~

지금 운전하기에 날씨가 정~말 좋습니다.

앞 차 옆 차 다들 어디로 가고 있을까요? 저는 지금 부모님 댁에 가고 있습니다.

어머니의 된장찌개를 생각하니 얼른 가고 싶네요.

그래도 안전운전 해야겠죠? 앞 차를 보니 웃음이 납니다.

'당황하면 후진'이라고 적혀 있어요. 하하하!

재밌는 사람들 참 많습니다.

저는 운전할 때가 제일 좋습니다. 세상살이 마음대로 잘 안 되지만

자동차는 제가 원하는 곳 어디든 가니까요!

그래서 스트레스를 풀고 싶을 때면 운전대를 잡습니다.

이제 자유로에 들어왔으니 말은 그만해야겠네요."

세 번째. 발음

정확한 발음과 정확하지 않은 발음의 차이는 우리가 손으로 그린 네모와 자를 대고 그린 네모의 차이라고 생각하면 쉽다. 손으로 그린 네모도 네모로서 부족함은 없지만 모서리 어딘가를 똑바로 잡아주고 싶다. 반면 자를 대고 그린 네모는 반듯해서 신경이 덜 쓰인다. 정확하지 않은 발음 역시 의사소통에는 문제가 없고 정감이 가기도 하지만, **전문성과 지적인 느낌을 말 속에 담고 싶다면 발음을 정확하게 하는 것이 좋다.**

김영옥, 김용림, 나문희, 한석규. 이 네 사람은 성우로 활동한 경험이 있는 배우들로, 그들의 연기를 보면 발음이 굉장히 정확하다는 것을 알 수 있다. 강한 사투리를 연기할 때도 발음만큼은 매우 정확하다. 모 방송에서 한석규 씨는 자신이 연기파 배우가 되는 데 가장 큰 영향을 미친 것은 성우 시절 선배들의 혹독한 발음 교정이었다고 밝힌 적이 있다. 연기자들의 정확한 발음은 시청자들이 편안하게 작품을 감상할 수 있게 해주고 극에 대한 몰입도를 높여준다.

연기자가 아닌 우리가 발음을 정확하게 해야 하는 이유도 마찬가지다. 발음이 정확하지 않으면 상대에게 전해져야 할 정보 외에 '발음의 문제'라는 정보가 들어가게 된다. '저 사람 발음이 왜 저래?', '발음이 귀에 거슬리네'라는 생각이 드는 순간부터 온전하게 집중할 수가 없게 된다. 그리고 발음에 크게 문제가 없더라도 더 정확하게 발음해줌으로써 좋은 이미지를 전할 수가 있다.

발음이 좋지 못한 대부분의 경우는 발음에 관여하는 얼굴근육을 적극적으로 움직이지 않기 때문이다. 흔히 이를 '경제적으로 발음한다'고 표현하는데 근육을 움직이는 에너지를 절약한다는 의미다.

다음의 발음 훈련을 일상생활 속에서 꾸준히 연습하면 매우 큰 효과를 볼 수 있다. 발음에 집중해서 연습하는 동안은 거울을 보며 얼굴이 일그러질 정도로 과장되게 발음하는 것이 좋다. 눈주름이 생겨야 하고 눈썹까지 움직여야 한다. 얼굴 전체 근육을 써서 발음한다는 느낌으로 야무지게 말해보자.

'아에이오우'를 소리 낼 때는 입만 움직이지 말고 눈가에 주름이 질 정도로 얼굴 전체의 근육을 써서 발음한다. '오'를 할 때는 턱을 내리고 입을 야무지게 오므려준다. '우'는 입술을 앞으로 쭉 내밀어준다. '에'와 '이'를 발음할 때는 하회탈처럼 눈가에 주름이 자글자글하도록 과감하게 움직인다.

무엇보다 말할 때 턱의 움직임에 관심을 가져야 한다. 턱을 움직이지 않고 말을 하는 것은 운전할 때 사이드 브레이크를 풀지 않고 주행하는 것이라 생각하면 된다. 발음 연습을 할 때는 턱에 손을 얹고 모음에 따라 아래위로 적당하게 잘 오르내리는지 앞뒤로 잘 움직이는지를 점검한다. 특히 평소에 입술만 오물거리면서 발음하는 습관이 있다면 더욱 턱을 부지런히 움직일 수 있도록 한다. 입과 턱을 적극적으로 움직이는 것만으로도 소리의 전달력이 훨씬 좋아진다.

복식호흡 한다.

턱, 혀, 얼굴근육을 풀어준다.

얼굴의 근육을 써서 한 음절 한 음절 정성껏 발음한다.

거울을 보며 입 모양이 정확한지 잘 살핀다.

짧게 혹은 길게, 소리에 변화를 준다.

하나. 한글 자음모음표

가장 기본적인 발음 연습법이다. 늘 가까이에 두고 읽어보자. 거울을 보면서 입 모양을 잘 살피고 소리는 잘 들어야 한다. 특히 '아'를 '어'와 정확히 구분하지 않고 소리를 내는 경우가 많은 편이므로 '아'는 '아'답게, '어'는 '어'답게 발음해 주자.

가	야	거	겨	고	교	구	규	그	기
나	냐	너	녀	노	뇨	누	뉴	느	니
다	댜	더	뎌	도	됴	두	듀	드	디
라	랴	러	려	로	료	루	류	르	리
마	먀	머	며	모	묘	무	뮤	므	미
바	뱌	버	벼	보	뵤	부	뷰	브	비
사	샤	서	셔	소	쇼	수	슈	스	시
아	야	어	여	오	요	우	유	으	이
자	쟈	저	져	조	죠	주	쥬	즈	지
차	챠	처	쳐	초	쵸	추	츄	츠	치
카	캬	커	켜	코	쿄	쿠	큐	크	키
타	탸	터	텨	토	툐	투	튜	트	티
파	퍄	퍼	펴	포	표	푸	퓨	프	피
하	햐	허	혀	호	효	후	휴	흐	히

둘. 이중모음

모음 중에서도 이중모음을 제대로 발음해주면 사람이 훨씬 또렷하게 보이는 효과가 있다. 이중모음이란 소리를 내는 도중에 혀의 위치나 입술 모양이 바뀌어 처음과 끝이 달라지는 것이다. 조음기관을 자연스럽게 이동하면서 소리는 하나의 모음으로 들리게 된다. 'ㅑ, ㅕ, ㅛ, ㅠ, ㅒ, ㅖ, ㅘ, ㅙ, ㅝ, ㅞ, ㅟ, ㅢ' 같은 모음이 이중모음이다. 두 개 모음의 입 모양 변화에 신경 써주면 발음이 정확해진다. '와'를 발음한다면 시작 입 모양은 '오', 끝 입모양은 '아'가 되도록 해준다.

다음의 단어들을 소리 내어 읽어보자.

관광, 취업, 취직,
사과, 과외, 세뇌,
쇠뇌, 과장, 상쇄,
권선징악, 금과옥조,
금상첨화, 최고,
최상, 무궁화, 화환,
과장, 원작, 만화

이제 발음 연습표를 확장한다.

가 야 거 겨 고 교 구 규 그 기 괴 귀 궈 과
나 냐 너 녀 노 뇨 누 뉴 느 니 뇌 뉘 눠 놔
다 댜 더 뎌 도 됴 두 듀 드 디 되 뒤 둬 돠
라 랴 러 려 로 료 루 류 르 리 뢰 뤼 뤄 롸
마 먀 머 며 모 묘 무 뮤 므 미 뫼 뮈 뭐 뫄
바 뱌 버 벼 보 뵤 부 뷰 브 비 뵈 뷔 붜 봐
사 샤 서 셔 소 쇼 수 슈 스 시 쇠 쉬 쉬 솨
아 야 어 여 오 요 우 유 으 이 외 위 워 와
자 쟈 저 져 조 죠 주 쥬 즈 지 죄 쥐 줘 좌
차 챠 처 쳐 초 쵸 추 츄 츠 치 최 취 춰 촤
카 캬 커 켜 코 쿄 쿠 큐 크 키 쾨 퀴 쿼 콰
타 탸 터 텨 토 툐 투 튜 트 티 퇴 튀 퉈 톼
파 퍄 퍼 펴 포 표 푸 퓨 프 피 푀 퓌 풔 퐈
하 햐 허 혀 호 효 후 휴 흐 히 회 휘 훠 화

발음은 노력하는 만큼 좋아질 수 있다.
부정확한 발음으로 고민하고 있다면 하루에 한 번씩 발음 연습표를 읽는 습관을 들여보자.

셋. 긴 소리와 짧은 소리
우리말은 모음의 장단을 구별해서 발음하는데, 어린 시절 국어 시간에 음절 옆에 'ː' 기호가 붙으면 길게 발음해주어야 한다고 배운 적이 있을 것이다.

하늘에서 내리는 눈은 눈[눈ː]
예쁜 내 얼굴의 두 눈은 눈[눈]

모음의 긴 소리와 짧은 소리를 구분해서 발음해주면 정확한 발음으로 전달력이 높아지고 말하는 사람의 이미지 형성에도 도움이 된다. 그런데 모든 단어의 장단음을 구분해서 말한다는 것은 현실적으로 버겁게 느껴지는 것이 사실이다. 다만 복잡하다 하여 아예 하지 않는 것보다는 관심을 가지고 몇몇 단어에만 신경을 써주어도 훨씬 소리가 좋아진다. 많은 단어를 한꺼번에 욕심내기보다 우리말에 대한 애정으로 하나씩 알아가는 재미를 느껴보면 좋겠다.

그리고 사전을 찾아가며 장음의 단어를 하나씩 외우는 것보다는 **문장을 읽으**

면서 직접 긴 소리로 말해보았을 때 훨씬 기억하기가 쉽다. 눈이 아니라 입에 자연스럽게 익을 수 있도록 해준다.

다음의 문장들을 : 표시에 따라 장단음 발음을 중점으로 소리 내어 읽어보자. 역시 호흡과 발성은 기본이다!

옛:날부터 한:국의 대:표적인 교:육 철학은
사:람을 사:람답게 만드는 데 있다.
사:람의 도:리가 없:는 곳에 학문이 무슨 의:미가 있겠는가.
목표를 이루기 위해서는 정:확하고 신:중하게 전:략을 세워야 한다.
무엇보다 남의 의:견도 존중할 줄 아:는 겸손함이 중:요하다.
세:상에서 제:일 좋:은 것은 부:귀보다 행:복이다.
당신은 과:거, 현:재, 미:래 중 무엇을 가장 중:요하게 생각하는가.
숫:자 중에서는 2:, 4:, 5:, 둘:, 셋:, 넷:, 만: 등:이 장음이다.

넷. 모음만 따로 떼서 읽기

평소에 단어나 문장을 모음만 따로 떼서 읽는 연습을 하면 얼굴근육을 풀어주고 정확한 입 모양을 하는 데 도움이 된다. 중요한 프레젠테이션이나 면접을 앞두었을 때는 두 줄 정도의 문장을 모음만 읽어주어 얼굴근육을 푸는 것도 좋은 방법이다.

방법은 말 그대로 모음만 따로 떼서 말하는 것이다.

예를 들어 "안녕하세요 홍길동입니다"를 "아여아에요 오이오이이아"로 소리 낸다.

다음의 글을 모음만 떼서 읽어보자. 그리고 이어서 자음을 붙여 읽어보자.

걷기 운동을 할 때는 올바른 자세를 갖추는 것이 중요합니다.

호흡은 코로 깊이 들이마시고 입으로 천천히 내뱉습니다.

양손은 달걀 쥔 모양으로 가볍게 쥐고,

팔은 가급적 구십(90) 도를 유지하면서 앞뒤로 힘차게 움직입니다.

발을 딛을 때는 뒤꿈치를 시작으로 발바닥 전체를 대도록 합니다.

↓↑

어이 우오으 아 애으 오아으 아에으 아우으 어이 우요아이아

오으으 오오 이이 으이아이오 이으오 어어이 애애으이아

야오으 아야 위 오야으오 아여에 위오

아으 아으어 우이 오으 유이아여어 아위오 이아에 우이이이아

아으 이으 애으 위우이으 이아으오 아아아 어에으 애오오

아이아

다섯. 반복 문장 읽기

다음의 문장을 반복적으로 읽는 것은 호흡 근육을 강화하고 정확한 발음으로 말하는 데 도움이 된다. 간혹 속도를 빠르게 하다 정작 발음에 신경 쓰지 않는 경우가 많은데 읽는 속도는 중요하지 않다. 속도가 느리더라도 정확한 발음으로 읽는 것이 중요하다. 발음이 익숙해지면 속도를 빠르게 혹은 느리게 조절해가며 읽어보기도 한다.

땅콩 옆 빈 콩깍지는 강낭콩 콩깍지이고
강낭콩 옆 빈 콩깍지는 완두콩 콩깍지다

간장공장 공장장은 장 공장장이고
된장공장 공장장은 공 공장장이다

내가 그린 구름 그림은 산봉우리구름 그린 그림이고
네가 그린 구름 그림은 두루마리구름 그린 그림이다

앞집 찹쌀 햇찹쌀 뒷집 찹쌀 묵은 찹쌀
상표 붙인 큰 깡통 알루미늄 깡통 상표 뗀 작은 깡통 철 깡통

저기 저 뜀틀이 내가 뛸 뜀틀인가 내가 안 뛸 뜀틀인가
칠월 칠일은 평창 친구 친정 칠순 잔칫날

나지막한 초가집의 튼튼한 햇부뚜막
높지막한 초가집의 안 튼튼한 햇부뚜막

신진 샹송 가수의 신춘 샹송 쇼우

내가 만든 구름 그늘 네가 만든 구름 그늘
내가 그린 기린 그림 잘 그린 기린 그림
네가 그린 기린 그림 더 잘 그린 기린 그림

한국관광공사 곽준권 관광과장

멍멍이네 꿀꿀이는 멍멍해도 꿀꿀하고
꿀꿀이네 멍멍이는 꿀꿀해도 멍멍하네

옆집 팥죽은 붉은 팥 팥죽이고
뒷집 콩죽은 검은 콩 콩죽이다

2장.

옴마, 저기 말 잘하는 사람들 좀 보이소!
_ 시루 이야기

피 카 소 는   말 했 다

기본적인 호흡, 발성, 발음 연습을 잘해내고 있다면 이제는 다양한 말하기에 도전할 차례다. 말을 업으로 삼고 있는 사람들의 말하기뿐만 아니라 사람의 마음을 울리는 이들의 말하기를 함께해볼 것이다. 쑥스럽게 여기거나 거부감을 가질 필요가 전혀 없다. 평소에 그들이 말하는 것을 보고 듣고 그 느낌을 어렴풋이라도 갖고 있었다면 어렵지 않게 해낼 수 있다.

이 과정의 중요성에 대해 말한다면 피카소의 말이 정답이 될 수 있을 것이다.

> "법칙을 깨는 방법을 알기 위해
> 법칙을 배우지 않으면 안 된다."

다양한 말하기를 하는 이유는 말 자체에 익숙해지고 궁극적으로는 자신의 스피치 스타일을 찾기 위해서다. 어떤 말하기든 적절하게 해낸다면 실생활 속 우리가 필요한 각각의 환경에서 잘해낼 수 있을 것이다. 중요한 것은 평소에 하지 않았던 것들을 적극적으로 표현해보는 데 있다.

하나씩 해낼 때마다 마음껏, 정말 마음껏 끼를 부려보기를 바란다. 눈 뜨고는 볼 수 없을 만큼 끼부림의 극치를 보여줄 것을 기대한다. 자신의 얼굴 표정, 목소리, 몸짓들을 잘 느껴가면서 표현해보고 또 그런 자신의 모습에 익숙해지자.

자, 잠시 나를 내려놓자!
거울은 기본! 녹음과 녹화를 준비하도록 하자.

맛 있 는 따 라 하 기

지금부터 '나는 아나운서다', '나는 쇼핑호스트다', '나는 리포터다' 하는 마음가짐으로 시작한다. 매력적으로 말하는 것이 직업인 사람들의 말하기에는 각각의 색깔이 있다. 우리가 할 일은 그들의 다양한 색깔과 다양한 장점들을 배우고 익히는 것이다. 그리고 그것을 자기 자신의 것으로 재탄생시킬 수 있다면 금상첨화다.

대본을 보며 따라가다 보면 마음이 급해져서 기본을 놓치는 경우가 많다. 어떤 말하기에서든 기본은 발음, 발성, 호흡이다. 이 세 가지를 꼭 챙겨가면서 각각의 말하기에 맞춰 해내도록 하자.

★ 발음, 발성, 호흡은 기본이다. ★

하나. 뉴스 앵커의 깔끔한 말하기

뉴스를 전해주는 앵커의 말하기에는 높은 전달력과 함께 정갈함이 있다. 전해져야 할 정보에만 사람들이 귀 기울일 수 있도록 다른 군더더기 표현이나 감정 표현은 최소화했기 때문이다. 그래서 우리가 뉴스 원고를 소리 내어 읽고 그들처럼 말해보는 것은 발음 교정과 소리 전달력을 높이기를 연습하기에 참 좋다. 어떤 스피치를 하든지 가장 기본적인 연습이라 할 수 있다.

곧 앵커가 될 당신이 하나의 원고를 받아들었을 때 연습의 순서는 다음과 같다.

원고를 읽고 내용을 파악하고 이해한다.

↓

의미 단위로 끊어 읽기(/)를 표시한다.
(끊어둔 단위만큼이 한 호흡이다)

중요한 단어는 힘주어 말할 수 있도록 표시해둔다.
(중요 단어에 ○표시)

이중모음같이 발음에 유의할 단어에 표시한다.

↓

(처음에는) 소리의 높낮이의 변화 없이 소리 내서 읽는다.
발음, 호흡, 발성에 집중한다.

↓

중요 단어의 앞 음절에 악센트를 주어 읽는다.

↓

앵커가 되어 **전달력**을 최우선 목표로 삼아
'전해준다'는 느낌으로 말한다.

소리 내어 읽어보기

청년 실업이 갈수록 심각해지고 있습니다. 올해는 청년 고용률이 역대 최저치를 기록하기도 했습니다. 내년에도 일자리 전망은 밝지 않습니다. 기업들이 신규 채용을 늘릴 계획이 없어 청년 실업 문제는 더욱 가속화될 것으로 전망됩니다. 정부는 양질의 일자리를 새로 만들어 고용률을 끌어올리기로 했습니다.

↓

끊어 읽기와 중요 단어 표시

청년 실업이 갈수록 심각해지고 있습니다./ 올해는 청년 고용률이/ 역대 최저치를 기록하기도 했습니다./ 내년에도 일자리 전망은 밝지 않습니다./ 기업들이 신규 채용을 늘릴 계획이 없어/ 청년 실업 문제는 더욱 가속화될 것으로 전망됩니다./ 정부는 양질의 일자리를 새로 만들어/ 고용률을 끌어올리기로 했습니다./

다음의 세 원고를 살펴보고 앞서 말한 '연습의 순서'를 지켜 말하기 연습을 해보자.

1

'인류의 요람'으로 불리는 남아프리카공화국의 동굴에서 최고 300만 년 전 살았던 것으로 추정되는 새로운 인류의 화석이 발견됐습니다.

과학자들은 화석의 외형을 봤을 때 최소 250만에서 300만 년 전의 것으로 보인다며 이 새로운 인류를 '호모 나레디'로 명명했습니다.

고릴라 정도의 작은 뇌를 가진 호모 나레디는 어깨와 골반 크기는 원시인과 비슷하고 두개골과 치아와 다리, 발 모양은 현대 인류와 상당히 유사한 것으로 알려졌습니다.

연구진은 호모 나레디가 원시의 직립 영장류와 인류 사이를 연결해주는 '잃어버린 고리'가 될 수 있을 것으로 기대했습니다.

2

사과껍질과 녹색 토마토에 근육의 자연 노화를 억제하는 성분이 들어 있다는 연구결과가 나왔습니다. 미국 아이오와 대학 크리스토퍼 애덤스 박사는 늙은 쥐를 대상으로 한 실험 결과 사과껍질 속 우르솔산과 녹색 토마토의 토마티딘이 근육 노화를 억제했다고 발표했습니다.

0.27%의 우르솔산 또는 0.05%의 토마티딘이 섞인 먹이를 늙은 쥐에게 두 달 동안 먹인 결과 근육량은 10%가량 늘고 근력은 30% 높아진 것으로 나타났다고 애덤스 박사는 밝혔습니다.

3

수면 시간은 심장 건강에 영향을 미치는데요, 너무 적게 자는 것뿐만 아니라 많이 자는 것도 좋지 않고 7시간 수면이 가장 좋다는 연구결과가 나왔습니다.

하루 7시간이 심장에 가장 좋은 수면 시간인데, 5시간 자는 사람은 7시간 자는 사람보다 석회 수치가 50% 높았고, 9시간 자는 사람은 70%가 높은 것으로 나왔습니다.

잠을 많이 자면 푹 잤다고 생각할 수 있지만 본인도 모르게 수시로 잠을 깨는 '수면파편'이 있을 수 있고 그렇지 않더라도 수면 자체가 혈관에 염증을 유발할 수 있기 때문입니다.

둘. 쇼핑호스트의 대화하듯 말하기

홈쇼핑 방송을 보다가 나도 모르게 전화를 걸고 있는 스스로를 발견한 경험이 누구나 한 번쯤은 있을 것이다. 쇼핑호스트들의 말을 듣고 있으면 "음~ 그렇지 그렇지", "맞아, 저거 필요해", "오~ 조건이 정말 괜찮네"라는 생각이 들고 맞장구가 쳐지며 자연스럽게 주문으로 이어지게 된다. 말에 주문의 마법 가루를 뿌려놓은 듯한 느낌이랄까.

쇼핑호스트의 말하기에서 가장 큰 장점이자 우선적으로 배워야 할 점은 바로 **대화하듯이 말하는 것**이다. 그들은 "~데요", "~잖아요", "~어요" 같은 어미를 자주 사용하면서 마치 앞에서 말하는 듯한 느낌을 주는데, 친근하고 자연스럽기 때문에 **소통의 거리를 좁히는 효과가 있다.**

대화가 아닌 상황에서 대화하듯이 말하는 것은 쉬울 듯하면서도 막상 자연스럽지가 않고, 익숙해지는 데 상당한 시간이 걸리는 말하기 방식이다. 하지만 요즘은 무엇을 하든 대화하듯 이야기를 하면 "말을 꽤 잘한다"는 평가를 받기 때문에 시간을 들여 노력해볼 만한 충분한 가치가 있다.

쇼핑호스트 말하기의 또 다른 장점은 굉장히 실감나게 표현하는 것이다. 카메라 너머의 시청자들이 쉽게 이해하고 직접 경험하는 것처럼 느낄 수 있도록 비유, 대조, 의성어, 의태어 등등 다양한 표현들을 활용한다.

쇼핑호스트 말하기를 연습할 때는 자주 방송되는 화장품, 다이어트 식품, 운동기구들을 상상해도 괜찮고, 자신이 갖고 있는 물건들을 팔아보는 것도 매우 좋다. 대화하듯이 고객에게 상품을 소개하고 설득해보면서 야무지게 말하는 느낌을 가져보기를 바란다.

'팔고자 하는 의지'가 강해 보이는 표정,
제품을 매만지는 현란한 손짓을 보여주는 당신은
이미 쇼핑호스트다.

소리 내어 읽어보기 ---------------------- 식품

나른한 오후 시간, 여러분의 식탁 행복을 위해 찾아왔습니다.
안녕하세요~ 쇼핑호스트 _____ 입니다.
오늘 정말 대박입니다! 왜냐구요?
지금까지는 절대! 결코! 보여드릴 수 없었던 구성을 들고
고객 여러분을 찾아왔기 때문이죠~
기다리고 기다리시던 안동 간고등어! 오늘 대박 구성으로 함께하겠습니다.

고등어 하면 간고등어! 간고등어 하면 안동이죠?
너무 짜지도, 너무 싱겁지도 않으면서
아주 적절한 간이 일품인 안동 간고등어입니다.
저희가 이쪽에 미리 고등어를 구워뒀어요. 우선 보여드릴게요.
자~ 보이세요? 이 야들야들한 고등어 속살이 정말 예술이지 않습니까?
제가 한번 먹어볼게요~ 음~~~ 와~~~

여러분, 생선이요~ 싱싱할수록 씹는 맛이 쫀득쫀득, 탱글탱글 하잖아요.
아, 정말 말이 필요 없는 맛이네요. 진정한 고등어의 참맛이 이런 게 아닐까 싶어요.

근데 맛이 다가 아닙니다! 오늘은요, 정말 구성이 대박이에요!
지금까지 단 한 번도 방송하지 못했던 구성이죠!
많이 드리고 싶어도 드릴 수 없었던 안동 간고등어!
여기 보세요. 5팩, 5팩, 5팩, 우와… 또 5팩. 어머! 또 5팩!
믿어지시나요? 총 25팩입니다.
여러분, 맛뿐만 아니라요, 구성 역시 기가 막히죠?
우리 아이들과 가족들의 밥심을 생각하신다면 오늘 꼭 선택해보세요!

--- 건강식품 ---

안녕하세요, 쇼핑호스트 _____ 입니다.
오늘 여러분께 소개해드릴 제품은 바로 홍삼입니다.
요즘 신랑 어깨가 축 처져 보인다고요?
우리 아이의 발걸음이 무거워 보인다고요?
그렇다면 오늘 방송 놓치지 마시고 함께해보시길 바랍니다.

아~ 저는 다른 것보다요, 이 제품이 파우치 형태로 되어 있어서요,
신랑 출근할 때나 우리 아이 학교 갈 때
하나씩 손에 쥐여주기만 하면 돼서 정말 편하더라고요.

그리고 아무리 몸에 좋아도 또 맛이 중요하잖아요.
말이 필요 없어요. 제가 한번 먹어보겠습니다.
와아~ 쓰지 않으면서 달짝지근한 것이 정말 맛있네요.

건조한 날씨,

고객님들께서 기다리고 기다리시던 바로 그 제품으로 인사드립니다.

안녕하세요, 쇼호스트 ＿＿＿입니다.

어른오페 공기쿠션!

말이 필요 없죠?

피부에 관심 있는 여성이라면 누구나 한 번쯤 써보셨을 제품인데요,

오늘 정말 어렵게 물량 준비했으니까요~ 꼭 함께해보시길 바랍니다.

바로 제품 보여드릴게요~

이 깨끗한 화이트 케이스를 열어보면요,

와~ 보기만 해도 이 촉촉한 느낌 느껴지시나요?

제가 손으로 한번 눌러볼게요,

와우! 보이시나요? 좌르르 에센스가 그대로 샘솟듯이 올라오구요,

이 감촉이요, 끈적끈적하지 않고 부드러우면서 촉촉~해요.

지금 제 피부 보이시나요? 이쪽으로 봐도 저쪽으로 봐도 반짝반짝~

제가 방송 들어오기 전에 이 제품만 발랐거든요~

카메라 감독님! (볼을 가리키며) 여기 좀 잡아주세요.

어머, 이거 보이세요?

제 모공 다 어디 갔어요?

셋. 리포터의 생동감 담아 말하기

현장의 생생함을 전하는 리포터의 말하기는 표현력을 연습하기에 매우 좋다. 실생활보다는 조금 과장된 표현이더라도, 아니 그렇게 과장되게 해볼 수 있기 때문에 우리가 얻어갈 수 있는 것들이 더 많다.

리포터 말하기는 어른을 위한 동화구연이라 생각하면 쉬울 것이다. 얼굴과 몸짓에서 현장의 생동감이 느껴져야 하고 금방이라도 그곳에 가고 싶게끔 만들어야 하므로 마음을 울렁이게 만드는 밝음이 있어야 한다.

주로 기쁨과 감탄 같은 긍정적인 표현을 많이 쓰기 때문에, 리포터 말하기를 연습하면 할수록 표정이 밝아지고 친절한 말하기에 가까워진다는 것을 느낄 수 있을 것이다. (그래서일까. 실제 리포터들은 현실의 삶에서도 눈에 띄게 밝은 표정과 긍정적인 에너지를 가진 경우가 많다.)

평소 무뚝뚝하다는 소리를 자주 들었거나 마음이 자주 울적하거나 표정의 변화를 빨리 가져오고 싶다면 리포터 말하기를 꾸준히 연습할 것을 권한다. 미리 작성한 대본에 따라 읽어도 좋겠지만, 그보다는 어디를 가든 '나라면 이곳을 어떻게 표현할 수 있을까'라는 생각으로 생활 속에서 늘 리포터의 마음을 지니는 것도 좋을 것이다.

목소리는 밝고 경쾌하게!
눈빛은 살아 있게!

1

시청자 여러분, 안녕하세요!

생생한 정보를 전해드리는 깜찍 리포터 _____ 입니다.

어흥~!! 제 뒤에 있는 사자 한 마리 보이시나요?

저는 지금 경기도에 있는 한 동물원에 나와 있습니다.

제가 오늘 이곳에 온 이유는요, 무엇일까~요?

우리 아이들과 동물들이 함께할 수 있는 작은 축제가 있다고 합니다.

그 현장으로 함께 가보시죠! 따라오세요~

우와, 정말 놀랍습니다.

저기 우리 친구들과 아기 사자들의 행렬이 보이는데요!

색동옷을 입은 친구들과 나란히 걷고 있는 아기 사자들이에요~ 와아!

지금 제 옆에 꼬마 아가씨가 있습니다.

어린이 친구, 안녕하세요?

오늘 아기 사자들 만나보니까 기분이 어때요?

아기 사자들과 함께하는 시간!

우리 아이들에게 잊을 수 없는 최고의 선물이 되겠죠?

안녕하세요~
여러분께 방방곡곡 신토불이를 소개해드리는 리포터 _____입니다.
자~ 오늘은요! 제가 어디에 와 있을까요?
우선 주변 산세가 정말 멋진 곳인데요~
태백산맥과 소백산맥이 마치 소쿠리 모양을 하고 있는 그 속이라고 합니다!
바로 경상북도 의성군입니다.
경상북도의 중심이자 토종 마늘의 대표 생산지, 의성!
그렇습니다. 오늘 함께할 우리의 신토불이는 바로 의성군의 토종 마늘입니다.
함께 가보시죠!

제가 지금 서 있는 이곳은 의성 마늘 종합 타운입니다.
이곳에서 출하되는 모든 마늘은 이력 추적 관리 시스템을 적용받고 있다는데요~
여기 의성 마늘의 산증인이시라는
이임이 할머니와 이야기 나누어보도록 하겠습니다.

(질문) 의성 마늘은 품질이 좋기로 참 유명한데요, 그 비법은 어디에 있을까요?
(답변) 여기는 마늘 농사에 참 좋지요. 뭐니 뭐니 해도 날씨가 참 좋아.
알이 굵어지고 매운맛도 딱 좋고 말이지. 땅도 얼마나 좋은 줄 아는가.
마늘 농사에는 딱이여!

다가오는 김장철, 우리의 마늘이 빠질 수 없겠죠?
독특한 향기와 매운맛, 단맛, 알싸한 맛 등
다섯 가지 맛이 고루고루 있는 의성 토종 마늘!
함께해보세요~ 안녕~!!

넷. MC의 리더십 말하기

MC의 말하기는 말솜씨는 물론 유머감각, 리더십이 잘 드러나기 때문에 다재다능한 능력을 보여줄 수 있는 대표적인 말하기라 할 수 있다. 그리고 실전에서는 주변 사람들을 배려하면서 함께 분위기를 만들어가야 하므로 소통 능력 역시 마음껏 보여줄 수 있다. 직장인들 사이에서 "간부들의 사랑을 받고 싶으면 MC를 보라"는 말이 있을 정도로 직장에서는 MC형 말하기를 좋아한다.

분위기를 이끌어가는 MC의 말하기를 연습할 때는 시선을 끌어당기는 목소리에 힘이 실려야 하고 어미의 늘어짐 없이 깔끔하게 말하는 것이 중요하다. 혼자 연습을 할 때도 주변에 사람이 있는 것처럼 질문으로 소통하고 유머감각도 발휘해보는 것이 좋다. 어떤 장소에서든 다양한 분위기에 맞출 수 있는 MC가 되어 실전처럼 연습한다면 프레젠테이션, 회의, 회식에서 그 존재감을 발휘할 수 있을 것이다.

소리 내어 읽어보기

1

파송송 구수한 청국장을 좋아하는 우리 아버지 어머니도,
쭉쭉 늘어나는 치즈를 좋아하는 우리 아이들도,
모두가 함께 즐기는 이 시간, 푸드 토크쇼입니다!
여러분, 기대하십시오!
오늘의 푸드 토크 주제는요,
대한민국 국민이라면 모두가 좋아하는 라면입니다!
이름 하여 '내가 너라면'!!

오늘의 출연자들을 소개해드리도록 하겠습니다.
먼저 1980년대 최고의 하이틴 스타죠, 이지연 씨~!
'리듬을 취줘요~♪' 원조 댄스퀸, 김완선 씨~!
아역 스타 똑순이에서 이제는 어엿한 엄마, 김민희 씨~!

그럼 지금부터 푸드 토크쇼! 본격적으로 시작해보도록 하겠습니다!

2

어린 시절 내 별명은 축구 신동!
40년 후 이 아이는 "어라?" "여보세요" "밤새지 마란 말이야"
유행어 빵빵 터뜨리는 개그 신동이 됩니다.

어린 시절 제 별명은 종신이 형!
36년 후 이 아이는 깐족깐족 예능의 맛 살리는 개그 종신형이 됩니다.

어린 시절 제 별명은 포동이였죠!
35년 후 이 아이는 대한민국을 대표하는 호사가가 됩니다.

어린 시절 내 별명은 겜규!
19년 후 이 아이는 한류 아이돌 슈퍼주니어의 멤버이자 라스의 재간둥이가 됩니다.

자! 그렇습니다! 보이십니까!
대한민국 예능계를 움직일 수 있는 큰 힘이 〈라디오 스타〉 안에 있습니다.
자! 우리는 고품격 다이내믹 방송 들리는 티비 〈라디오 스타〉~

학교마다 그런 여학생들이 꼭 있습니다.

전교생이 다 알 정도로 유난히 인기 많은 전설의 여신들,
자! 오늘은 특별히 체대를 주름 잡은 그녀들을 모셨습니다.
'오~ 나의 체대 여신님' 특집!

3

편견을 깨는 것은 원자핵을 쪼개는 것보다 어렵다!
그러나 가면은 원자핵을 쪼개는 것보다 어려운 편견을 깨고
오직 진실한 목소리만을 들려준다.
지난주 진실한 목소리로 2연승을 거머쥔 제 10대·11대 복면가왕!
역대급 흥의 제왕, '네가 가라 하와이'~!
그리고 오늘 아직 끝나지 않은 반전의 역사는 계속된다.
미스터리 음악쇼 〈복면가왕〉~!!
편견을 버리면 가면 속의 감동이 들리기 시작합니다.
미스터리 음악쇼 〈복면가왕〉
정말 편견 없는 진행자 김성주입니다. 여러분, 반갑습니다.
현재 복면가왕은 3연승에 도전하는 '네가 가라 하와이'입니다.
오늘 격조 있는 무대 기대해도 될까요?

미스터리 음악쇼 〈복면가왕〉
첫 번째 관문입니다. 1라운드 듀엣곡 대결을 시작합니다!!

1라운드 첫 번째 대결!
금은보화보다 완전 소중한 목소리, '금은방 나비부인'~!
이에 맞서는 행복을 주는 목소리 곡예사, '광대승천 어릿광대'~!

다섯. DJ의 목소리로 말하기

라디오는 매체 특성상 목소리로 청취자와 만나기 때문에 DJ들의 편안한 진행과 여유로운 말주변이 중요하다. 그리고 DJ의 목소리나 성향에 따라 '재밌고 웃긴, 경쾌한, 따뜻한, 편안한' 등 방송의 콘셉트가 달라질 수 있다. 자신이 좋아하는 라디오 방송을 들으면서 따라 해보기도 하고 나만의 라디오 방송을 만들어가보자.

소리 내어 읽어보기

1

오늘은 '내 인생의 가장 황당한 경험'이라는 주제로
청취자 분들의 이야기와 함께합니다. 첫 번째 사연의 주인공은요,

안녕하세요. 저는 수원에 사는 구찬희입니다. 제 인생에서 가장 황당했던 시간은
바로 15년 전 중3 겨울방학입니다. 아주 매섭게 추웠던 겨울의 그날,
저는 담임선생님을 도와 교무실에서 일을 하고 있었습니다.
그런데 마침 순찰 중이시던 경찰관 아저씨가 교무실을 방문하셨습니다.
저희 선생님과 이런저런 얘기를 나누시는 아저씨의 뒷주머니에서
저는 발견했습니다. 반짝반짝 빛나는 그것을요!
영화에서나 보던 수갑이 눈앞에 있다니, 그렇게 신기할 수가 없더라고요.
저는 경찰관 아저씨에게 다가가 살며시 물었습니다.

"아저씨, 수갑 한 번 차보면 안 될까요?"

아저씨는 재밌는 녀석이라며 제 양 손목에 수갑을 채우셨습니다.
혼자 이리 보고 저리 보고, 재미있더라고요.

아저씨가 이제 그만 풀자며 열쇠로 수갑을 풀기 시작하셨습니다.
그런데… 설마 했던 일이 일어나고야 말았습니다!
열쇠가 맞지 않는 것이었습니다.
저는 그날 수갑 열쇠를 찾아 하루 종일 경찰차를 타고 돌아다녀야 했답니다.

하하하! 정말 아무나 하기 힘든 경험인데요? 그런데 더 황당했던 건 경찰관 아저씨가 아니셨을까 싶네요. 찬희 씨에게는 좋은 경험이자 추억으로 기억되었으면 좋겠어요.

2

타이타닉으로 세계적인 배우로 우뚝 선 케이트 윈슬릿 아시죠?
뛰어난 미모와 연기력으로
아카데미 여우주연상을 거머쥐기도 한 최고의 스타입니다.
그녀가 SNS에 놀라운 사진을 올렸다고 해요.
화장을 모두 지우고 주름과 잡티가 다 드러난 맨 얼굴의 사진을요!
그리고 그녀는 "오늘은 당신이 내 주름 이상의 것을 보기를 바랍니다.
나는 진짜 나를 받아들이고 싶고, 여러분도 자신을 있는 그대로 받아들이고
사랑하기를 바랍니다"라는 글을 남기기도 했다고 합니다.

또 한 명의 할리우드 스타, 스칼렛 요한슨.
그녀도 민낯 사진과 함께 "남들에게 어떻게 보일지만 신경 쓰면서 좇는 아름다움은
좋은 것이 아니에요. 있는 그대로의 당신을 사랑하세요"라고 전했다고 해요.

평소 누구보다도 화려한 삶을 살아가는 여배우들이기에 그녀들의 메시지가
더 큰 의미로 다가오는 것 같습니다. 여러분도 오늘 한번 거울을 보시면서,
있는 그대로의 나 자신과 마주해보시는 건 어떨까요?

3

오늘은 아침부터 많은 양의 비가 내리네요.
저는 이런 날씨에는 커피 한 잔과 진한 치즈케이크 한 조각이 생각나더라고요.
물론 저녁에는 막걸리에 파전이죠? (하하)

얼마 전에 방송에서 김제동 씨가 이런 이야기를 했습니다.
"행복하지 않을 이유가 하~나도 없습니다."
그 말을 딱 들었을 때 처음엔 참 재밌었어요.
그러고 나서 이런저런 생각이 많이 들더라고요.
'그렇지, 나도 행복하지 않을 이유가 없지!'
그런데 저는 그동안 행복하다는 말을 잘 해본 기억이 없거든요.
그래서 생각했어요. 앞으로는 '행복하다'는 표현을 조금 더 자주 쓰기로요.

여러분에게 행복은 무엇이고, 어떤 의미인가요?
행복에 관한 여러분의 이야기와 신청곡으로 함께하겠습니다.
선물도 잔뜩 준비했으니까요, 재미있는 사연 많이 보내주세요.

여섯. 기상 캐스터의 친절한 말하기

기상 캐스터의 말하기는 밝은 이미지로 친절하게 정보를 전달하는 것이다. 친근한 이미지로 다가가되 정확도도 놓칠 수 없다. 연습을 할 때는 기상 캐스터처럼 측면의 가상 지도를 가리켜가며 한다면 더욱 재미있을 것이다. 그들의 이미지를 떠올려보면서 정보를 친절하게 전달해보자.

소리 내어 읽어보기

포근한 날씨

기분 좋은 봄바람이 불어오면서
전국 대부분 지역이 20도를 웃돌아 포근한 날씨입니다.
이렇게 날이 따뜻해지면 이유 없이 몸이 나른해지고 피곤함을 느끼시는
분들 많을 텐데요. 바로 봄철 '춘곤증' 때문입니다.
춘곤증에는 가벼운 운동을 하는 것도 도움이 되고요,
봄에 나오는 제철 음식을 먹어도 쉽게 극복할 수 있다고 합니다.
봄 햇살이 따뜻하게 내리쬐는 오늘은 산책을 하기에 참 좋은 날씨인데요,
이 시각 기온은 서울 20도, 평창 24도, 대구 25도로
영동과 영남지방은 25도 안팎까지 오르겠습니다.

오늘 하루 평균 미세먼지 농도는 보통 단계를 보이겠습니다.
서울 등 수도권은 오후에 일시적으로 탁해지겠습니다.
이 가운데 영동과 경남에는 건조주의보가 내려졌는데요,
각종 화재 예방에 유의하시길 바랍니다.
날씨였습니다.

흐린 날씨

어제부터 황사가 말썽입니다.
현재 제주도를 제외한 전국에서 황사가 관측되고 있는데요.
이에 따라 미세먼지 농도 역시 전국에서 매우 나쁨 단계를 보이고 있습니다.
조금만 밖에 서 있어도 눈이 따가운 정도입니다.
오늘 외출은 자제하시기 바랍니다.

전국이 황사로 뒤덮이면서 하늘빛이 무척 뿌옇습니다.
현재 서해 5도엔 황사주의보가 내려졌고,
서울 등 중북부에는 오늘 낮을 기준으로
황사 예비특보가 발효됐습니다.

서울 등 중부와 경남 일부엔 건조특보가 발효된 만큼
화재 예방에도 주의하시기 바랍니다.

내일과 모레는 전국 곳곳의 아침 기온이 영하권으로 떨어지면서
반짝 추워집니다. 이후엔 다시 봄기운을 회복하겠습니다.
이번 주 대체로 맑고 일교차 큰 날씨가 이어지겠습니다.
날씨였습니다.

비 소식

이번 주에는 가을비 소식이 있습니다.
지금도 하늘에 구름이 가득하고 공기도 선선한 편인데요,

내일은 비가 내리면서 다소 쌀쌀하게 느껴질 것으로 예상됩니다.

내일 비는 양도 적고 오래 내리지는 않겠지만,
기온이 뚝 떨어지는 만큼 옷차림에 신경 쓰시기를 바랍니다.

수요일은 다시 청명한 가을 날씨를 되찾으면서 기온도 평년 정도 예상됩니다.
내일 내리는 비의 양은 서울과 경기 지방에 최고 30mm, 충청은 5~20mm,
제주와 남부 지방은 10mm 정도로 예상이 되고요,
모레 새벽에 남부 지방을 시작으로 비가 그치기 시작하겠습니다.

내일 저녁쯤에는 전국 대부분 지방에서 소강상태에 들 텐데요.
낮 기온이 떨어지는 만큼 옷차림에 신경 쓰셔야겠습니다.
서울은 23도, 대구는 21도, 전주 22도, 대전은 23도에 머물 것으로 보입니다.

일곱. 명사의 말하기

세계 명사들의 연설에 절제된 표현 속에 카리스마와 힘이 있다. 그들은 자신의 삶의 이야기를 바탕으로 사람들에게 메시지를 전하곤 하는데, 설득력 있는 그들의 연설문을 읽고 말해보는 것은 말하기와 글쓰기 두 측면에서 모두 도움이 된다.

다음에 소개하는 연설문 가운데 첫 번째는 할리우드 명배우 로버트 드니로가 대학 졸업식에서 졸업생들에게 아낌없는 조언을 해준 졸업 축사의 일부이다. 유머가 넘치고 진심 어린 축사였다는 평가를 받으며 전 세계인의 관심을 모았다.

명사들의 연설문의 경우 그냥 죽죽 읽어 내려가기보다 '그 명사가 되어 진지하게 연설하는 자세로 읽어보는 것이 좋다. 그리고 '내가 만일 연설을 한다면?'이라는 가정하에 직접 연설문을 작성해서 연설을 해보는 것도 재미있는 연습 방법 중 하나이다.

2015 뉴욕대학교 티시 예술대학 졸업식 축사

- 로버트 드니로

오늘 여러분들을 축하하기 위해 이 자리에 불러주신 것에 대해 감사드립니다.

티시 졸업생 여러분, 여러분은 해냈습니다.
그리고 완전히 망했습니다. (일동 비명, 웃음)

(중략)

여러분들은 댄서, 안무가, 음악가, 감독, 포토그래퍼, 디렉터, 프로듀서, 배우들, 그리고 예술가들입니다. 네 맞아요, 여러분은 예술가예요. 완전 망한 거죠. 하지만 좋은 뉴스가 하나 있는데, 그러한 시작도 그리 나쁘지는 않다는 것입니다. 여러분의 진로는 분명합니다. 쉽지는 않겠지만요. 여러분들은 그냥 계속 (자신이 좋아하는) 일을 하기만 하면 됩니다. 그토록 단순합니다.

이것은 시작입니다. 앞으로 여러분을 위해서 새로운 문이 당당하게 기다리고 있을 것입니다. 여러분을 기다리고 있는 그 문은 '평생 거절'의 문입니다. 그것은 피할 수 없는 사실입니다. 그것이 졸업자들이 '현실 세계'라고 부르는 것입니다. 고통스럽겠지만, 고통이 없이 우리가 무슨 일을 할 수 있겠습니까?

물론 거절은 고통스러운 경험입니다. 여러분은 감독, 배우, 안무 등의 일자리를 찾는 과정에서 무수한 실패를 경험하게 될 겁니다. 여러분은 배역을 따기 위해서 수많은 오디션을 거쳐야 하고, 여러분의 능력을 감독이나, 투자자들 앞에서 보여줘야 할 때가 있을 겁니다. 하지만 여러분이 배역에 대해 갖고 있는 생각과 그들의 생각이 반드시 같지는 않습니다.

(중략)

저는 여러분이 지금 마음속에 품고 있는 의문에 대한 답을 갖고 있습니다. 그래요, 여러분들이 지금 (감독이 되기 위해) '연출'로 전공을 바꾸기엔 너무 늦었습니다. (일동 웃음) 저는 여러분의 마음속에 신뢰를 심어주기 위해 이 자리에 나왔지만, 만약 제가 손주들에게 충고를 한다면 예술을 전공하라고 하진 않을 겁니다. 아마도 회계나 다른 실용적인 것을 전공하라고 하겠지요.

그런 다음 저는 저 자신이 한 말에 반박할 것입니다. 실패하는 것을 두려워하지 말라고요. 마음을 열고 새로운 경험, 새로운 아이디어를 받아들이라고 말입니다. 여러분이 시도조차 하지 않는다면, 여러분들은 결코 알 수 없게 됩니다. 용감하게 나서서 기회를 잡으세요.

(하략)

— 〈조선닷컴〉, 번역 오윤희 기자

"나에게는 꿈이 있습니다." (1963)

- 마틴 루터 킹 주니어 목사

우리 역사에서 자유를 위한 가장 훌륭한 시위가 있던 날로 기록될 오늘 이 자리에 여러분과 함께하게 된 것을 기쁘게 생각합니다. 백 년 전, 한 위대한 미국인이 노예해방령에 서명을 했습니다. 지금 우리가 서 있는 이곳이 바로 그 상징적인 자리입니다. 그 중대한 선언은 불의의 불길에 시들어가고 있던 수백만 흑인 노예들에게 희망의 횃불로 다가왔습니다. 그 선언은 오랜 노예 생활에 종지부를 찍는 즐겁고 새로운 날의 시작으로 다가왔습니다.

그러나 그로부터 백 년이 지난 오늘, 우리는 흑인들이 여전히 자유롭지 못하다는 비극적인 사실을 직시해야 합니다. 백 년 후에도 흑인들은 여전히 인종 차별이라는 속박과 굴레 속에서 비참하고 불우하게 살아가고 있습니다. 백 년 후에도 흑인들은, 이 거대한 물질적 풍요의 바다 한가운데 있는 빈곤의 섬에서 외롭게 살아가고 있습니다. 백 년 후에도 흑인들은 여전히 미국 사회의 한 귀퉁이에서 고달프게 살아가고 있습니다. 그들은 자기 땅에서 유배당한 것입니다.

그래서 우리는 오늘, 이 끔찍한 현실을 알리기 위해 이 자리에 나온 것입니다. 어떤 의미에서 우리는, 국가로부터 받은 수표를 현금으로 바꿔야 할 시기에 온 것입니다. 이 나라의 개척자들이 헌법과 독립선언문에 훌륭한 구절을 적어 넣었을 때,

그들은, 모든 미국인이 상속받게 되어 있는 약속어음에 서명한 것입니다. 그 약속어음이란, 모든 인간에게 삶과 자유, 행복 추구라는 양도할 수 없는 권리를 보장한다는 약속이었습니다.

그러나 오늘날 미국이, 시민의 피부색에 관한 한, 이 약속어음이 보장하는 바를 제대로 이행하지 않고 있다는 것은 분명한 사실입니다. 미국은, 이 신성한 의무를 이행하지 않고, 흑인들에게 잔고부족이라는 도장이 찍힌 채 되돌아오는 불량어음을 주었습니다. 그러나 우리는 정의의 은행이 파산했다고 생각하지 않습니다. 우리는 이 나라에 있는 거대한 기회의 금고에 잔고가 부족하다는 것을 믿지 않습니다. 그래서 우리는 갖고 있는 이 수표를 현금화하기 위하여 여기에 왔습니다. 우리가 요구하는 즉시 풍성한 자유와 정의를 확보해줘야 할 수표 말입니다.

또한 우리는 "바로 지금"이라고 하는 이 순간의 긴박성을 미국인들에게 일깨우기 위해 이 자리에 모였습니다. 우선 냉정을 되찾으라는 사치스러운 말을 들을 여유도, 점진주의라는 이름의 진정제를 먹을 시간도 없습니다. 지금 이 순간이 바로 민주주의의 약속을 실현할 때입니다. 지금이 바로 어둡고 외진 인종 차별의 계곡에서 벗어나 햇살 환히 비치는 인종 간의 정의의 길에 들어설 때입니다. 지금이 바로 신의 모든 자손들에게 기회의 문을 열어줄 때입니다. 지금이 바로 인종 간의 불의라는 모래 위에서 형제애라는 단단한 바위 위로 올라서야 할 때입니다.

'여성의 권리는 인권' 연설 (1995)

– 힐러리 로드햄 클린턴

가족이 번영하게 되면, 지역사회와 국가도 번영하게 됩니다. 지구상의 모든 여성과, 모든 남성과, 모든 어린이와, 모든 가족과, 모든 국가가 이 회의에서 이루어지는 논의에 귀를 기울여야 하는 이유가 바로 여기에 있습니다. 지난 25년 동안, 나는 여성과, 어린이와, 가족에 관련된 이슈를 위하여 지속적으로 노력해 왔습니다. 나는 지난 2년 반 동안 미국과 전 세계에서 여성이 직면하고 있는 도전에 대하여 더 많은 것을 배울 기회가 있었습니다.

인도네시아 족자카르타(Djokjakarta)에서는 정기적으로 마을에서 만나 영양과 가족계획과 육아에 대해 논의하는 새내기 엄마들을 만날 수 있었습니다. 덴마크에서는 창의적이고 안전한 방과 후 보육센터에 아이들을 맡길 수 있어 안심이 된다고 이야기하는 맞벌이 부모들을 만날 수 있었습니다. 남아프리카 공화국에서는 아파르트헤이트의 종식을 위한 투쟁을 주도한 후 이제는 새로운 민주주의 건설을 지원하고 있는 여성들을 만날 수 있었습니다.

나는 자국 아동들의 문맹타파와 보건의료 증진을 위해 날마다 노력하고 있는 서반구의 지도적 여성들을 만날 수 있었습니다. 인도와 방글라데시에서는 소액대출을 받아 젖소, 인력거, 실 등을 사서 자신과 가족의 생계를 꾸려가는 여성들을 만날 수 있었습니다. 벨라루스와 우크라이나에서는 체르노빌 원자력발전소 폭발의 여파 속에서 어린이들을 살리기 위해 애쓰는 의사와 간호사들을 만날 수 있었습니다. 이 회의의 중요한 목적은 풍부한 경험이 있어도 인정받지 못하고 의사를 표현해도 무시당하는 전세계 여성의 목소리에 힘을 실어주는 데 있습니다.

여성은 전 세계 인구의 절반 이상을 차지하고 있습니다. 세계적으로 빈민의 70%가 여성이며, 읽고 쓰는 법을 배우지 못한 사람의 2/3가 여성입니다. 전 세계의 아동과 노인의 대부분을 일차적으로 돌보는 사람이 바로 여성입니다. 그러나, 우리가 하는 일은 그 가치를 인정받지 못하는 경우가 많습니다. 경제학자도, 역사학자도, 대중문화도, 정부 지도자들도 그 가치를 인정하지 않고 있습니다. 우리가 이 자리에 모여 있는 바로 이 순간에도, 전 세계의 여성들은 아이를 낳고, 아이를 키우고, 밥을 짓고, 빨래를 하고, 집안을 청소하고, 농작물을 심고, 조립라인에서 일하고, 기업을 경영하고, 또 국가를 경영하고 있습니다.

다른 한편, 여성들은 예방이나 치료가 가능한 병으로 죽어가고 있으며, 가난과 경제적 피폐로 인해가 아이가 영양실조로 쓰러지는 모습을 보고 있으며, 친 아버지와 남자 형제들에 의하여 교육받을 권리를 거부당하고 있으며, 매춘을 강요당하고 있으며, 은행 대출도 거부당하고 있으며, 투표할 권리도 허용 받지 못하고 있습니다. 오늘 이 자리에 참석할 기회를 가진 우리들은 그러한 기회를 갖지 못한 여성들을 대변할 책임이 있습니다. 미국인인 나는 제 나라인 미국의 여성들을 대변하고자 합니다. 최저임금으로 아이를 키우는 여성, 의료보험이나 보육 서비스를 받을 경제적 여력이 없는 여성, 가정 내 폭력을 포함하여 폭력으로 생명을 위협받는 여성들을 대변하고자 합니다.

나는 좋은 학교, 안전한 동네, 깨끗한 공기, 건전한 방송을 위해 싸우는 어머니들과, 가족을 훌륭하게 키우고 뒷바라지 했으나 그러한 생활의 기술과 경험의 가치를 직장에서 인정받지 못하고 있는 홀로된 여성 노인을 포함한 여성 노인들, 낮에 아이들과 함께 있기 위해 밤새 간호사, 호텔 사무원, 패스트푸드점 조리사로 일하는 여성들, 날마다 해야 할 일이 너무 많아 24시간이 부족한 여성들을 위해 목소리를 높이고자 합니다.

나는 오늘 이 자리에서 이러한 여성들을 대변하여 말씀 드리고 있습니다. 이는 여러분 모두가 전 세계에서 단지 여성이라는 이유로 교육받을 기회나, 치료받을 기회나, 재산을 소유할 권리나, 자신의 삶의 방향을 스스로 결정할 권리를 거부당하고 있는 여성들을 대변하고 계신 것과 같습니다. 사실, 전 세계 여성들은 대개 궁핍으로 인하여 집 안과 집 밖에서 모두 일하고 있습니다. 우리는 여성이 어떻게 살아야 하는지에 대하여 정해진 공식이 없다는 사실을 이해해야 합니다. 그렇기 때문에 각 여성이 자신과 가족을 위해 스스로 선택하는 바를 존중해야 하는 것입니다. 모든 여성은 하늘이 부여한 잠재력을 실현할 기회를 누릴 자격이 있습니다.

또한, 여성의 인권이 존중과 보호를 받지 못하는 한 여성이 완전한 존엄성을 얻을 수 없다는 사실도 인식해야 합니다. '여성이 그 운명을 스스로 결정할 수 있도록 함으로써 가족과 사회를 강화한다'는 이 회의의 목적은 이곳 중국과 전 세계의 모든 정부가 국제적으로 인정된 인권을 보호하고 증진할 책임을 받아들이지 않는 한 완전히 달성할 수 없는 것입니다. 국제사회는 개인의 안전에 대한 권리에서 낳을 자녀의 수와 터울을 자유롭게 결정할 권리에 이르기까지 다양한 사적 자유와 보호를 보장받을 권리가 남성과 여성 모두에게 있음을 오랫동안 인정해 왔으며, 최근 이를 비엔나에서도 재확인한 바 있습니다.

어느 누구도 종교적 박해나 정치적 박해, 체포, 학대 또는 고문의 두려움 때문에 침묵을 강요 받아서는 안 됩니다. 슬프지만, 인권을 가장 빈번하게 침해 받는 사람이 바로 여성입니다. 20세기 말인 지금까지도 여성에 대한 강간이 무력분쟁의 수단으로 사용되는 일이 계속되고 있습니다. 여성과 어린이는 전 세계 난민의 대부분을 차지하고 있습니다. 여성이 정치 프로세스에서 배제되는 경우, 이들은 학대에 더욱 취약해지게 됩니다. 새천년을 앞둔 지금, 이제 침묵을 깨뜨릴 시간이 되었다고 믿습니다. 우리가 이곳 베이징에서 전 세계가 들을 수 있도록 여성의 권리를 인권과 별개로 논의하는 일을 더 이상 용인할 수 없음을 큰 목소리로 선언해야 할 때입니다.

여덟. 연기자의 감정 말하기

드라마 속 인물들을 연기해보는 연습이다. 극중 인물이 되어 실감나게 표현해보자. 자신이 좋아하는 드라마 대본을 구해서 연습해본다면 그 재미를 더할 수 있다. 평소 자신이 자주 하지 않는 감정을 표출해보면서 내 안의 또 다른 나를 발견해보자.

소리 내어 읽어보기

드라마 〈시크릿 가든〉 대본 中

오스카 (자다가 놀라 튕겨 일어나며) 왜. 왜 그래! 무슨 일이야! (반라 차림이고…)

주원C 네? (고개 확 돌려보다 한 손은 입에 넣고, 한 손으론 이불 끌어당겨 몸 가리며) 악! 가, 가까이 오지 마요. 오지 마. (하며 자빠지고 넘어지며 뒷걸음치다 욕실로 도망쳐 문 쾅 닫는)

오스카 (그 모습 뜨악하게 보다…) 왜 그래 미친놈처럼. 꿈꿨냐? (하다) 주식 떨어졌대?

라임C (믿을 수 없어 얼굴, 손, 몸, 마구 만지며) 나 왜 이래. 왜 이런 거야.

아줌마 뭐가 왜 이래. 뭐 없어졌어?

라임C 나 어디 갔냐고 나. 어제까지 분명히 있었는데 나 지금 어딨냐고. (가슴 탁탁) 이거 나 아니야.(하다 가슴… 헉!) 새, 생겼다고. 없던 게.

아줌마 젊은 아가씨가 쯧쯧… (옆 사람 밀고 가며) 가자 가. (E 가며) 미쳤나봐.

라임C (왔다 갔다 하며) 와 미치겠네. 대체 이게, (하다, 어딘가(유리문 혹은 거울)에 비친 자신의 모습 발견한. 헉!) 길라임? (얼굴 마구 쓰다듬어보는. 유리에 그대로 비치는. 헉!) 내, 내가 길라임이 된 거야?

여주인 (카운터에서 계산기 두드리다 놀라) 어머, 아가씨! 계산하고 가야지! 남의 신발은 왜 신고 가! 아가씨이—

주원C   ("악—" 입 틀어막고 비명 지른 후) 대체 어떻게 된 거야. (여자처럼 콩콩 뛰는)

오스카   (E)(욕실 밖에서 문 열려는 듯 덜컹덜컹하며) 아, 왜 그러냐고. 문 좀 열어봐.

주원C   (헉!) 안 돼— (몸 날려 문손잡이 잡고 버티는) 미치겠네 진짜…

오스카   왜 그래 아침부터? 무슨 일인데? 너 어디 아퍼?

주원C   (헉! 놀라 선반에 있는 커다란 타월 집어 들고 욕실 문 열고 냅다 뛰는)

오스카   (뜨악… 보다가) 호, 혹시 내가 잠결에, 뭐 했냐…?

아홉. 광고 내레이션 말하기

광고 내레이션은 짧은 시간 안에 메시지를 전해야 하므로 함축적이면서도 각각의 매력이 살아 있는 말하기다. 목표와 콘셉트에 따라 분위기가 달라지고 그에 맞춰 아주 다양하게 변화를 가져볼 수 있다. 목소리, 강약, 템포, 쉼 등을 이용한 표현 기법들을 위주로 연습해보자. 원고를 보고 읽는 연습뿐만 아니라 TV를 보고 라디오를 들으면서 바로바로 따라 하는 말하기를 한다면 더욱 재미있게 할 수 있을 것이다. 자신감을 갖고 한 번쯤은 들어봤음 직한 기억을 더듬어 다음의 대본들을 표현해보자.

소리 내어 읽어보기

MBC 연예대상!
시청자들을 울리고 웃긴 예능인들의 축제!
그 화려한 현장으로 여러분을 초대합니다.
12월 29일 밤10시 MBC 연예대상!

–

우리 가족이 먹는 건강한 먹을거리
우리 아이가 좋아하는 맛있는 먹을거리
여러분의 먹을거리를 위합니다.
'우리 먹을거리'

–

미국 뉴욕 셀럽들이 극찬하는 그 제품!

우리나라 최초! 홈쇼핑 최초!
더 이상 피부 트러블은 NO! NO! NO!
당신의 피부를 위한 최강의 솔루션, 베끄−쏭!

–

푸른 꽃은 푸르러서 예쁘고 붉은 꽃은 붉어서 예쁩니다.
가을은 알록져서 아름답고 겨울은 빛이 바래 아름답죠.
자신에게 없는 모습을 부러워하지 마세요.
있는 그대로 당신은 충분히 아름다우니까요.
사람이 미래다
두산

–

독일은 기술에 영혼이 있다고 믿습니다.
프랑스는 디자인에 민감합니다.
두바이는 럭셔리를 고집합니다.
영국은 자존심이 강합니다.
대한민국은 혁신에 열광합니다.
미국은 브랜드 가치를 존중합니다.
하지만 TV를 보는 눈은 같습니다.
그것이 내가 7년 연속 사랑받는 이유!
나는 가장 사랑받는 여행을 합니다.
삼성 스마트 TV

–

남: 켈로그 리얼 그래놀라
셰프도 반한 리얼 그래놀라 맛의 비밀은 뭘까요?

여: 비밀은 바로 황금비율
그래놀라가 가장 맛있어지는 비율 70%
켈로그가 자연에서 찾아낸 맛의 조화
황금비율을 알면 더 맛있어진다.
켈로그 리얼 그래놀라
남: 켈로그만 낼 수 있는 맛인데?

—

이곳에 성대한 시상식은 없다.
우승 소감도, 화려한 조명도 없다.
하지만 이곳엔 위대한 선수들이 있다.
우리는 위대함이 선택받은 소수의 전유물이라 생각해왔다.
그러나 위대함은 우리 모두의 것이다.
위대함의 잣대를 낮춘다고 오해하지 마라.
우리 안에 이미 있는 잠재력을 끌어내자는 것이다.
위대함은 특별한 장소에만 있는 것도, 특별한 사람에게만 있는 것도 아니다.
당신이 이루고자 한다면
위대함은 바로 그곳에 있다.
NIKE

열. 시 읽어주기

시를 읽으면서 감성을 표현해보는 연습이다. 시 내용에 걸맞은 감성을 드러내고, 자신만의 재해석이 가미된 새로운 분위기를 만들어낼 수도 있다. 배경음악을 준비한다면 더 재미있게 연습할 수 있을 것이다. 진실한 감성 전달에 중점을 두고 낭송해보자.

소리 내어 읽기보기

지금 알고 있는 걸 그때도 알았더라면
내 가슴이 말하는 것에 더 자주 귀 기울였으리라.
더 즐겁게 살고, 덜 고민했으리라.
금방 학교를 졸업하고 머지않아 직업을 가져야 한다는 걸 깨달았으리라.
아니, 그런 것들은 잊어버렸으리라.
다른 사람들이 나에 대해 말하는 것에는
신경 쓰지 않았으리라.
그 대신 내가 가진 생명력과 단단한 피부를 더 가치 있게 여겼으리라.

더 많이 놀고, 덜 초조해했으리라.
진정한 아름다움은 자신의 인생을 사랑하는 데 있음을 기억했으리라.
부모가 날 얼마나 사랑하는가를 알고
또한 그들이 내게 최선을 다하고 있음을 믿었으리라.

사랑에 더 열중하고
그 결말에 대해선 덜 걱정했으리라.
설령 그것이 실패로 끝난다 해도

더 좋은 어떤 것이 기다리고 있음을 믿었으리라.

킴벌리 커버거, 「지금 알고 있는 걸 그때도 알았더라면」 중에서

3장.

밀당 따윈 소나 줘버린 당신에게…
말에 쪼는 맛이 없다. 그래서 매력이 없다.

_절구 이야기

밀 당 의 고 수
강 하 게 약 하 게 , 빠 르 게 천 천 히 , 쉿 ! 쉬 어 가 기

잘 들리는 말하기를 하기 위해서는 밀고 당기기를 잘해야 한다.

쌀보리 게임을 떠올려보자. "보리~ 보리~ 보리~ 쌀!"
상대의 손에 나의 손을 천천히 (놀리듯이) 넣다가 '쌀'에서는 아주 빠르게 낚아채듯
손을 다시 빼야 한다. 그 느낌이다! 말을 줄 듯 말 듯 같이 호흡하는 그 느낌! 쌀보
리 게임에서 일정한 속도로 손을 넣는다면 상대는 금세 나의 수를 읽고 손을 잡아
버릴 것이다. 말도 마찬가지다. 일정하게 말하기만을 고집한다면 말에 재미가 없어
진다. 말의 맛이 없어진다.

하나. 강하게 약하게

모든 단어에 힘을 빼거나 모든 단어에 힘이 들어가는 경우, 모두 '잘 들리는' 말하기와는 거리가 멀다. 강하게 할 때는 강하게, 약해도 될 때는 약하게 말함으로써 말에 리듬을 주어야 한다. 리듬이 있는 말은 사람들이 듣기 편안하고 집중이 잘된다.

그렇다면 어디에서 힘을 주고 어디에서 힘을 빼야 할까? 이것에 대해 어렵게 생각하는 경우가 많은데 전혀 그럴 필요가 없다. 자신이 생각했을 때 꼭 전해져야 할 단어, 중요하게 생각하는 부분에서 조금 더 힘주어 말하면 된다. 그리고 상대적으로 쉬운 단어, 크게 중요하지 않은 부분은 살짝 힘을 빼고 말하면 된다.

조심해야 할 것이 있다면 중요도와는 관계없이 말의 구간을 단위로 강약을 줘버리는 경우다. 그것은 말하는 사람의 습관인 경우가 많은데, 반복적으로 일정하게 강·약, 강·약, 강·약 하는 것은 듣는 사람의 귀를 금방 피곤하게 만들 수 있다. 기술적인 말하기에만 치중하기보다 내용 전달에 집중하며 말의 강약을 조절해 보자.

둘. 빠르게 천천히

말의 어느 구간이든 빠르게만 혹은 느리게만 말한다면 그것만큼 재미없는 것이 있을까? 또한 빠르고 느린 것 못지않게 재미없는 것이 있다면 일정하게 말하는 것이다.

말의 속도는 청중과 호흡을 주고받을 수 있는 때가 되면 의식하지 않아도 잘해낼 수 있는 부분이다. 다만 개인적으로 말의 속도가 잘 잡히지 않는다거나 청중과 호흡을 주고받을 만큼의 여유가 생기지 않는다면 매 순간 연습하는 것이 좋다.

말의 속도는 말의 강약과 크게 다르지 않다. **중요하게 생각하는 부분, 이해하기 어려운 부분, 발음이 어려운 단어 등을 말할 때는 속도를 늦추는 것이 좋고, 이해하기 쉬운 부분, 중요도가 낮은 부분 등을 말할 때는 속도를 빠르게 하는 것이다.** (빠르게 한다는 것은 후루룩 지나가는 게 아니라 상대적인 속도감을 말한다!)

중요한 연설을 앞두었을 때는 이러한 구분을 미리 해두는 것도 도움이 된다. 말의 속도를 빠르게 혹은 천천히 해야 할 부분을 구분함으로써 말하는 사람 역시 쉽게 몰입할 수 있기 때문이다. 이러한 조절에 능숙해진다면 청중을 들었다 놨다 할 수 있는 찰떡 스피치를 완성해나갈 수 있을 것이다.

셋. 쉿! 쉬어가기

쉬울 것 같으면서도 실전에서 잘 안 되는 것이 바로 '쉼$_{pause}$'이다. **쉼이란 소리를 내지 않고 그야말로 쉬어가는 것이다.** 특정한 단어나 문장을 강조하고 싶을 때 그 앞에 쉼을 주면 된다.

예를 들어, 인사를 할 때도 "안녕하세요, 홍길동입니다"에서 '안녕하세요' 후에 바로 이어서 '홍길동'을 말하기보다는 '안녕하세요' 후에 잠시 쉬고 '홍길동'을 말하는 것이다. 그렇게 하면 홍길동이라는 단어가 조금 더 잘 들리는 효과가 있다.

쉼을 할 때 어려워하는 부분이 바로 쉼을 하는 시간이다. 본인은 충분히 쉼을 주었다고 생각했는데도 사람들이 듣기에는 전혀 쉼이 없는 경우가 많다. 처음에는 '어? 이 정도로 쉬어도 되나?' 싶을 만큼 쉬어준다면 쉼으로 여겨질 만큼의 쉼이 될 수 있다.

쉼은 잘 쓰면 참 좋은데 너무 과하게 쓰면 다소 오버하는 것처럼 느껴질 수 있다. 적당한 곳에서 적절하게 잘 쉬어주는 센스가 필요하다.

—

밀당의 고수가 되기 위한 위 방법들은 말 속에 자연스럽게 잘 묻어나게 하는 것이 중요하다. (대놓고 주는 것이 아니라 슬쩍 묻혀 보여주는 것이다!) 강약과 템포 그리고 쉼에 대한 감을 잡았다면 다시 앞 페이지로 돌아가보자. 쇼핑호스트 말하기, 연설문 말하기 등 다양한 말하기에 바로 적용해보는 것이다.

표현하는 것 자체에 불편한 마음을 갖고 있거나, 불안과 걱정으로 집중할 수 없는 상황을 대비해야 한다면 세 가지를 꼭 연습해보도록 하자. 표현에 익숙해지고 스피치를 하는 스스로가 자연스럽게 여겨질 때쯤이면 진짜 자신의 감정을 잘 담아낸 쫄깃한 스피치를 할 수 있을 것이다.

밀당의 고수가 되어
쫄깃하고 맛있는,
그래서 매력이 넘치는 스피치를 기대해보자!

귀가 뚫려야 입이 열린다

귀가 뚫려야 입이 열린다는 것은 말을 잘하기 위해서는 잘 들어야 한다는 의미다. 이것은 경청과는 사뭇 다르다고 할 수 있는데, 나름으로 분석하면서 듣는 것으로 이해하면 좋을 것 같다. 어렵지 않다. 방송인들의 말, 주변 사람들의 말, 누구든 말만 하면 잘 들으면 된다.

잊지 말자.
말을 잘하기 위해서는 잘 들어야 한다.
그것도 잘 쪼개 들어야 한다.

소리 듣기
소리 듣기는 목소리를 잘 듣는 것이다.
듣기 좋은 목소리를 내기 위해서는 다른 사람들의 목소리를 잘 들어봐야 한다.

어떤 음색을 갖고 있는지, 톤은 어떤지, 그 깊이는 어떠한지, 상대의 목소리에만 집중해서 듣는다. 관심만 가진다면 누구나 잘 들을 수 있다. 그리고 듣는 것에 그치지 말고 그 사람의 목소리가 주는 느낌을 따라 해보는 것도 좋다. 목소리를 흉내 내는 것만으로도 감정 상태와 마음을 어느 정도는 느낄 수 있을 것이다. 또한 소리에만 집중해서 목소리를 듣다 보면 사람의 목소리가 갖는 신비함과 아름다움 역시 느낄 수 있을 것이다.

표현 듣기

표현 듣기는 말의 강약, 쉼, 빠르기, 감정을 위주로 듣는 것이다. 표현력을 구분해서 듣는 것이라 할 수 있다. 처음에는 전체적으로 들은 후에 문장마다 그리고 어절마다 쪼개어 다시 듣는다. '이 구간에서는 쉬어가면서 이것을 강조하고 있구나' 하는 식으로 들으면 된다. 말을 잘하는 사람들의 미세한 표현을 잘 듣고 분석하는 것으로도 밀고 당기는 말하기에 많은 도움을 받을 수 있을 것이다. 역시나 거기서 그치는 것이 아니라 직접 말해보면서 실전에서 활용하도록 한다.

요약 듣기

요약 듣기는 내용을 중심으로 듣는 것이다. 이를 위해서는 **구획하기보다 전체적인 흐름으로 들어야 한다.** 말이 시작될 때부터 끝나는 순간까지 잘 들은 후 내용을 요약해나가면 된다. 상대가 전하고자 하는 의도와 목적을 유추하고 중심 내용을 하나의 문장으로 만들어본다. 그리고 두괄식, 미괄식으로 구분해보기도 한다. 누군가의 말을 들을 때마다 그때그때 머릿속에서 하나의 문장으로 완성해나가는 것이다. 요약 듣기를 많이 하다 보면 말의 양과 질, 두 측면에서 말하기의 차이를 느낄 수 있다. 자신이 말을 할 때 자연스럽게 양과 질 중 하나를 선택하게 되기도 한다.

눈으로 듣기

눈으로 듣는다는 것은 말하는 사람의 비언어적 표현에서 눈으로 보이는 것을 잘 관찰하면서 듣는 것이다. 머리부터 발끝에서 드러나는 바디랭귀지를 관찰하도록 한다. 손은 어디에 두고 있는지, 눈썹은 어떻게 움직이는지, 입 모양은 어떠한지, 몸이 어디로 이동하는지, 눈빛은 무엇을 말하는지, 잘 보면서 듣는다. 관심을 갖고 보면 평소에 보이지 않던 것들이 많이 보일 것이다. 상대의 좋은 점 혹은 아쉬운 점을 발견해가면서 자신의 좋은 점 역시 만들어가고 아쉬운 점은 버려갈 수 있도록 한다.

위 네 가지 중 하나라도 놓치지 않기 위해 집중해서 듣는 것은 쉬운 일은 아니다. 나 역시 숙달되었다고는 하지만, 3시간 정도를 오직 사람들의 말에만 집중하고 나면 상당한 육체적 피로를 느낄 때가 있다.

듣는 것은 결코 수동적인 행위가 아니다.

적극적으로 귀를 열고, 눈을 열고,
마음으로 그리고 머리로 들어야 한다.

귓가에 들리는 목소리들을 잘 들어보자.
말하는 사람이 말 속에 담아둔 것들을 하나씩 파헤칠수록
우리의 말은 더욱 좋아질 것이다.

눈은 떠야 보이는데
귀는 항상 열려 있으니
말하면 들린다고 착각하기 쉽죠.
귀도 떠야 들립니다.

—박원순, 『경청』中

손짓 발짓 몸짓
" 난 대단하다! "

* Body language, '보디랭귀지'가 올바른 외래어표기법이지만 '바디랭귀지'로 하겠다!

지금부터는 바디랭귀지라 일컫는 우리의 손짓 발짓 몸짓에 대해서 이야기를 나눠 볼 것이다. 언어 다음으로 자신의 의사를 나타내는 데 활용하기 쉬운 것이 바디랭귀지인 만큼, 스피치와 딱 구분지을 수 없는 것이 또한 바디랭귀지다.

흔히 바디랭귀지라고 하면 우리는 크게 두 가지 측면을 생각하곤 한다.

'저 사람의 저 바디랭귀지는 무엇을 의미하는 것일까?'
'나의 바디랭귀지는 상대에게 어떻게 보일까?'

위 두 가지는 나와 상대의 관계 속에서 주고받는, 그래서 숨겨진 의미를 해석할 필요가 있는 바디랭귀지다. 이렇듯 모두들 '관계 속에서의 바디랭귀지'에 관심을 기울일 때, 어느 한 사람의 강연이 사람들을 깊은 감동의 도가니로 빠뜨렸다. 지금 그 내용을 간략하게 나누고자 한다.

이름 하여 나를 위한 바디랭귀지!

TEDwww.ted.com 강연을 통해 사람들에게 또 하나의 바디랭귀지라는 감동을 안겨 준 사람은 사회심리학자이자 하버드 대학교 교수인 에이미 커디Amy Cuddy이다. 그 녀가 우리에게 전하는 메시지는 단순하면서도 매우 강렬하다. 그것은 한 줄의 물음에서 시작했다.

"나의 바디랭귀지가
나 자신에게 미치는 영향은 무엇인가?"

커디 교수는 강연에서 다음과 같이 말했다.

"2분간 자신감 넘치는 자세high-power poses를 취하는 것만으로도 우리는 자기 자신의 생각과 느낌, 행동을 변화시킬 수 있습니다."

Power posing for a few minutes can change our life in meaningful ways.

Our bodies change our minds and our minds change our behavior

and our behavior changes our outcomes.

커디 교수에 따르면, 우리가 웃는 표정을 짓는 것만으로도 마음이 행복해지는 것 처럼 우리 스스로 '나는 강하다'를 나타내는 바디랭귀지를 취하면 실제로 그렇다고 느낄 수 있고 또 그렇게 될 수 있다고 한다.

와우! 이 얼마나 놀라운 일인가!

커디 교수는 말한다. 중요한 프레젠테이션이나 취업 면접을 앞두고 있다면 2분간 승자의 바디랭귀지를 취하라고 말이다. 바로 영화 속 슈퍼히어로의 자세다.

자세를 취하는 것으로 우리의 생각과 행동을 변화시킬 수 있다는 것은 매우 큰 발견이다. 상황으로 인해 나약해지는 마음을 일으킬 수 있는 자발적 메커니즘이 되기 때문이다.

나는 당신이 우선!

스피치를 위한 바디랭귀지보다 자기 자신을 위한 바디랭귀지에 관심을 가졌으면 좋겠다. 그래서 언제 어디서나 '작아짐'을 털어내는 것이다. 그것이 또한 당신의 스피치 실력에 날개를 달아줄 것이다.

몸을 일으켜 자세를 취해보자.

"난 대단하다!"

강한 당신이 되었는가?
그렇다면 이제 준비를 마쳤다.
스피치를 위한 바디랭귀지에 대해 알아보자.

"제발 하지 마라, 바디랭귀지"

스피치를 할 때 우리 자신과 우리의 말을 더욱 빛나게 해주는 것이 바로 바디랭귀지다. 바디랭귀지를 잘 쓰면 여유로움과 함께 자신감을 나타낼 수 있고 말에 생동감을 불어넣어주어 풍성한 느낌을 전해줄 수 있다. 다만, 잘 쓰면 아주 큰 역할을 해내는 바디랭귀지가 잘못 쓰면 오히려 독이 되고 마는 양면성이 있다는 점은 늘 염두에 두고 있어야 한다.

자리에 앉아 있을 때는 눈에 다 잘 보인다. 발표자의 머리끝부터 발끝까지를 쭉 나열할 수도 있다. 하지만 입장이 바뀌는 순간 얘기가 달라진다. 손은 가위손처럼 이리저리 움직이고 발은 접착제로 붙인 듯 바닥에 붙어 꼼짝하지 않으며 시선은 천장과 바닥을 사정없이 오고 가느라 바쁘다. 마음에 여유가 없으면 바디랭귀지를 챙길 여력이 생기지 않기 때문이다.

바디랭귀지를 잘 쓰고 못 쓰고의 차이는 자신이 얼마나 자신의 바디랭귀지를 통제할 수 있는가에 달려 있다. 스스로 몸의 움직임을 정확하게 인지하고 있어야 하고 적절하게 자신의 의도에 맞게 움직일 수 있어야 하며, 의도를 벗어나는 움직임은 최소화할 수 있어야 하는 것이다.

대부분의 사람들은 스피치를 할 때 주로 "이럴 때 손을 어디에 둬야 할지 모르겠어요", "이제는 어디를 봐야 하죠?", "몸을 이렇게 돌리면 되나요?"처럼 신체 일부를 어디에 어떻게 위치시켜야 하는지에 관심을 갖는다. 책을 찾고 인터넷을 검색하면서 말이다.

그런데 여기서 잠깐!
그에 앞서 짚고 넘어가야 할 것이 있다.
바로 '해야 하는 것이 아니라 하지 않는 것'에 관한 것이다

바디랭귀지는
처음부터 무언가를 하려고 애쓰지 마라.

단언컨대, 지금의 당신에게는 무언가를 해야 하기보다 하지 않기 위해 애를 써야 하는 부분이 분명 하나쯤 있다. (사실은 하나 이상이라고 말하고 싶다!)

만일 스피치와 어우러지는 바디랭귀지를 통해 무언가를 잘 표현했다 할지라도, 대부분의 시간에 불필요한 바디랭귀지로 불편한 표현을 했다면 잘해낸 하나의 행

동은 별 의미가 없는 것이 된다.

다음은 많은 사람들이 갖고 있으면서 빠르게 버려야 하는 바디랭귀지에 관한 것이다. 이에 해당하지 않더라도 '그렇다면 내가 하지 않아야 할 바디랭귀지는 무엇인가'에 대해서 깊이 고민해보도록 하자. 확인할 수 있는 가장 좋은 방법은 역시 자신의 실전 스피치를 녹화하는 것이다.

턱으로 말하기

사람들 앞에만 서면 턱의 움직임이 과해지는 경우다. 처음부터 턱을 15도쯤 들고 말을 계속 이어가거나, 무엇인가를 강조하려 할 때 턱을 위로 치켜들거나, 턱으로 방향을 가리키는 것 등 턱을 이용해서 무엇인가를 표현하려 하는 것이다. 턱은 살짝만 들어도 시선을 아래로 향하게 한다는 점에서 굉장히 주의해서 다루어야 한다. 의도하지 않게 사람들에게 불쾌감을 줄 수 있고 거만하게 보일 수 있기 때문이다. 동영상 촬영을 통해 자신의 턱이 무엇인가를 말하고 있진 않는지 꼭 점검해보도록 하자.

눈맞춤 피하기

청중의 눈을 보지 않고, 보더라도 휙휙 지나가버리고 마는 경우다. 눈맞춤을 피하는 대부분의 경우는 공중 어딘가를 뚫어지게 보거나, 좌우로 바쁘게 움직이거나, 혹은 내용을 쥐어짜내듯이 반복적으로 눈을 위로 치켜뜨는 경우다. 사람들의 눈을 보는 게 부담스럽다면 무엇보다 마음의 안정을 찾도록 하자. 그리고 한 사람 한 사람의 눈을 보면서 눈으로 대화를 한다고 여기는 것이 좋다.

불필요한 행동의 반복

의미 없는 행동의 반복이다. 예를 들어 머리카락 쓸어 넘기기, 고개 좌우로 돌리기, 다리 떨기, 삿대질하기, 짝다리 짚기 등이 있다. 이러한 행동은 청중의 시선을 분산시키고 불만을 야기할 수 있다는 점에서 고쳐야 한다. 대수롭지 않은 작은 행동도 하나둘 쌓이면 눈에 거슬리는 행동이 되기 때문이다. 문제는 이러한 움직임은 스스로 잘 인식할 수 없다는 데 있다. 불필요한 행동의 반복은 스스로 깨닫기만 한다면 빠르게 고쳐나갈 수 있다. 그러므로 주위 사람들에게 물어보거나 촬영을 통해서 자신이 의미 없는 행동을 되풀이하고 있지는 않은지 꼭 확인해보도록 하자.

뒷모습 보이기

특히 프레젠테이션을 할 때 가장 많이 하는 실수가 뒷모습을 자주 보이는 것이다. 화면을 함께 보는 의미이자 사람들의 시선을 피하고 싶은 욕구로 인해서 반복적으로 몸을 돌리게 된다. 어떤 이유에서건 사람들에게 몸을 돌려 뒷모습만을 보여주는 것은 옳지 못하다. 말을 하고 있는 자신의 얼굴을 사람들에게 보여주어야 한다. 내용을 잘 숙지하고 반복된 연습을 통해서 배꼽은 항상 청중을 향하도록 하고 시선은 청중의 눈을 향하도록 하자.

석고상처럼 가만히 있기

팔과 다리, 머리까지 꼼짝하지 않고 정말 입만 움직이는 경우다. 불필요한 행동도 문제지만 움직임이 아예 없는 것도 문제가 된다. 말하는 사람도 몸이 경직되어 스피치를 잘할 수 없는 것은 물론이고, 보는 사람들도 어색하고 어쩔 줄 모르게 만들어버리고 만다. 불필요한 바디랭귀지를 하지 말라는 것이 가만히 있으라는 의미는 아니다. 자연스럽고 여유롭게 자신을 스피치에 맡겨보도록 하자.

몸의 긴장을 풀어라.
무엇인가를 하려고 애쓰지 마라.
상대와의 호흡을 즐기면서 스피치에 나를 맡겨보자.

모두 없애기

(옳지 못한 움직임을 제거한다.)

↓

하나 더하기

(내용과 어울리는 행동을 하나 해본다.)

↓

또 하나 더하기

(자연스러운 행동을 하나씩 늘려간다.)

↓

자유로워지기

(오! 편안하게 스피치에 나를 맡긴다.)

"프레젠테이션 바디랭귀지"

스피치 바디랭귀지를 가장 고민하게 되는 상황은 아무래도 프레젠테이션을 해야 할 때일 것이다. 청중의 수가 많거나, 청중 중에 자신을 평가하는 사람이 있거나, 덧붙여 프레젠테이션의 경험이 없다면 그 고민은 더욱 커지게 마련이다. 하지만 걱정할 필요 없다. 이 역시도 열심히 그리고 성실하게 연습해나간다면 얼마든지 극복하고 잘해낼 수 있다.

스티브 잡스의 프레젠테이션은 전 세계 수많은 프레젠터들의 스피치에 굵직한 변화들을 가져왔다. 그중에서도 단연 눈에 띄는 것은 두 손이 자유로운 스피치다. 예전에는 기업, 강연, 방송 등 대내외 스피치에서 손에 쥐는 마이크 혹은 단상에 고정된 마이크를 주로 사용했다면, 요즘에는 많은 CEO들과 프레젠터들이 이어 마이크를 사용한다. 아직까지 하는 사람이나 보는 사람이나 어색한 부분이 없지 않아 있지만, 그것이 시대의 흐름임은 분명한 듯하다.

스피치를 하는 순간, 두 손이 자유로워지면서 훨씬 적극적으로 제스처를 취할 수 있게 되었고 (그리고 취해야 하므로) 바디랭귀지의 역할은 더욱 중요해졌다.

프레젠터의 바디랭귀지는 청중들의 콘텐츠 이해를 도울 수 있다는 점에서 적극 권장되지만, 이에 못지않게 중요한 목적은 프레젠터가 갖는 여유로움의 척도가 될 수 있다는 것이다. 프레젠테이션을 이끌어가는 사람이 여유로워 보일수록 콘텐츠의 신뢰도가 높아지고 청중들은 빠르게 집중할 수 있다. 그뿐인가. 여유롭게 프레젠테이션을 잘 이끌어가는 사람만큼 매력적인 사람도 없다. 자신감과 리더십을 높이 평가받는 것은 당연한 결과다.

결국 우리가 그동안 프레젠테이션에서 바디랭귀지를 어떻게 생각하고 활용해왔든지, 바디랭귀지는 우리의 상상 이상으로 중요한 평가의 일부분이었음은 틀림없는 사실이라고 할 수 있다.

프레젠테이션을 앞두고 있는가?

그렇다면 프레젠테이션 바디랭귀지 역시 처음에는 무엇을 해야 하는 것보다 하지 않아야 하는 것에 훈련을 집중하는 것이 좋다. 불안정한 상태일수록 군더더기 행동을 더욱 많이 하게 되기 때문이다. 스피치를 촬영해가면서 긴장을 늦추지 않고 점검 또 점검하도록 한다. 그러고 나서 여유가 생기면 그 여유를 활용한 바디랭귀지로 하나씩 채워나가도록 하자.

채움 하나. 눈맞춤
눈맞춤은 눈으로 하는 대화다!

프레젠테이션을 할 때 청중의 수가 아주 많아버리면 프레젠터의 눈은 어딜 보더라도 청중의 어딘가에 위치하게 된다. 그래서 그를 지켜보는 청중 역시도 말하는 사람의 눈이 어디에 위치하는지 정확하게 알기가 쉽지 않다. 하지만 교실이나 사무실처럼 다소 좁은 공간에서 청중의 수가 헤아릴 수 있을 정도가 되는 순간, 말하는 사람의 눈빛이 어디로 향하는지는 굉장히 중요한 바디랭귀지가 된다.

자, 아래의 다섯 가지를 기억하도록 하자.

공간 전체를 아우르며 시선을 보낸다.
마름모꼴 형태로 시선을 자연스럽게 이동시킨다.
시선을 이동시킬 때는 고개도 함께 움직여준다.
눈맞춤 시간은 3초가 적당하다.
눈빛으로 상대에게 부담을 주어서는 안 된다.

사람들 앞에 섰을 때는 공간 전체를 아우르는 느낌으로 시선을 주어야 한다. 청중 중에 유독 긍정적인 시선을 보내주는 사람이 있을 것이다. 미소를 짓고 있으며 들을 준비가 되어 있다는 신호를 보내주는 사람들이다. 그런 사람에게 시선이 가는 것은 어찌 보면 당연한 일이다. 그런데 이렇게 한두 방향으로 시선이 고정되는 것은 옳지 못하다. 한두 번만으로도 그 외의 사람들이 소외감을 느낄 수 있기 때문이다. 학창 시절 선생님이 특정 학생만 바라보며 수업을 하면 왠지 모를 소외감을 느꼈던 것과 같다. 모두가 중요한 사람으로 여겨질 수 있도록 시선에서 소외되는 공간을 최소화하는 것이 좋다.

한 사람과의 눈맞춤 후에 시선을 이동시킬 때는 휙휙 움직이듯 이동 각도가 크기보다는 자연스럽게 움직이는 것이 좋다. 너무 급하지도 느리지도 않게 여유롭게 이동한다. 고개를 좌우로만 움직이기보다 살짝 끄덕여주며 움직이는 것이 좋다.

그리고 피해야 할 점이 바로 시선을 옮길 때 눈만 움직이는 것이다. 옛말에 '눈에 흰자위가 많이 보이면 복이 없다'는 말이 있다. 이것은 흘겨보기를 하지 말라는 어른들의 가르침일 것이다. 사람들 앞에 섰을 때도 마찬가지다. 시선을 이동시킬 때 안구만 움직이는 실수를 하기도 하는데, 눈만 움직이는 것이 아니라 반드시 고개도 함께 움직여야 한다.

그리고 한 사람의 청중과 눈을 맞추는 시간은 3초 정도가 적당하다. 눈을 스쳐지나가는 것만으로 눈을 맞췄다고 생각해서는 안 된다. 너무 짧은 눈맞춤은 오히려 불안정하게 보일 수 있기 때문이다. 한 사람 한 사람에게 눈으로 말을 하듯이 눈빛을 보내도록 한다.

마지막으로 눈빛으로 사람들에게 부담을 주어서는 안 된다. 청중과의 눈맞춤을 너무 중요하게 여긴 나머지 오프닝에서 말은 하지 않고 1분가량 그윽한 눈빛만 보내는 사람을 본 적이 있다. 그는 아마도 교감을 표현하고 싶었을 것이다. 그렇지만 청중의 입장에서 지그시 바라보는 남성의 눈빛을 오래 견디는 것은 참으로 힘든 일이었다.

사람들과 눈을 맞추는 일이 도무지 어렵게 느껴진다면 처음부터 욕심내지 않도록 한다. 자연스러워질 때까지는 자신이 편한 사람들을 중심으로 시선을 보내도록 하자. 그리고 차츰 주위 사람들로 확장해나가면 된다.

채움 둘. 손짓과 몸짓

손짓과 몸짓은 기본을 지킨다!

정직한 느낌이 나는 바른 자세가 기본이다.
삐딱한 느낌, 어긋난 느낌, 작위적인 느낌을 버리고 기본을 지키도록 하자.

자, 역시 다음의 다섯 가지를 기억하자.

제발 **바르게** 선다.
열린 자세가 **원칙**이다.
적극성을 **표현**한다.
내용과 **맞는 제스처**를 취한다.
청중 가운데 **외국인**이 있다면 **제스처**의 **의미**에 **주의**한다.

프레젠터의 열린 자세란, 청중으로 하여금 '나는 현재 안전하다'는 느낌을 받을 수 있도록 해주는 것이다. 예를 들어, 말하는 사람이 반복해서 등을 돌리고 손등을 자주 보이면 청중은 서서히 불안감을 느끼게 된다. 정말 무서움에 불안한 것이 아니라 마음이 편치가 않다는 의미다. 그래서 앞에 선 사람은 바르게 정면을 보고 손등이 아닌 손바닥을 보이는 것이 중요하다. 시원시원하게 열린 느낌을 주는 것이다.

손가락은 특정 손가락을 위주로 움직이기보다 손의 움직임이 부드럽고 큼직하게 표현될 수 있도록 해준다. 예를 들어, 특정 손가락으로 계속해서 제스처를 취하는 경우 청중에게는 삿대질을 하는 것처럼 보일 수도 있다. 또 무언가를 가리킬 때 손가락으로 까딱까딱 하는 것이 아니라, 손바닥을 보이며 지그시 방향을 가리켜준다. 만일 자료를 손에 쥔 경우라면, 손은 배꼽보다 조금 더 높은 곳에 위치시켜 어색함이 없도록 한다. 종이가 바닥을 향한다든지 허리 뒤에 뒷짐 지듯 쥐고 있지 않도록 한다.

말하는 내용에 맞는 손의 제스처를 취하는 것도 중요하다. 크기, 양, 시간을 표현할 때는 그에 맞는 적절한 제스처를 취해주도록 하자.

남성들이 주로 많이 하는 행동이 짝다리를 짚는 것이다. 너무 긴장해서 아무 생각이 나지 않거나, 순간 긴장이 풀렸을 때 자기도 모르게 나오기 쉬운 자세다. 보기에도 좋지 않을뿐더러 성의가 없어 보인다. 나아가 짝다리를 짚은 채로 어딘가에 기대는 것은 정말 안 좋은 자세라 할 수 있다. 양쪽 발은 바닥에 붙이고 다리에는 힘을 주어 제대로 선다.

중요한 메시지를 말하거나 청중에게 질문을 하는 순간에는 뻣뻣이 서 있기보다는 청중을 향해 몸을 살짝 기울여주는 것이 좋다. 열정을 담아 임하고 있다는 인상을 줄 수 있고 청중의 집중을 도와줄 수 있다.

또한 한곳에 서 있어야만 하는 특별한 경우가 아니라면 콘텐츠에 맞춰 자연스럽게 이동해보도록 하자. 이때도 부산스럽게 느껴지는 것은 안 된다. 사람들이 움직임을 따라갈 수 있도록 공간에 함께하는 사람들의 호흡을 읽으며 이동하도록 한다.

만일 청중 가운데 외국인이 섞여 있는 경우라면 특별히 주의를 기울여야 한다. 각 국가별로 특정 제스처가 의미하는 바가 다른 경우가 있기 때문이다. 사전에 청중을 분석하여 실수하지 않도록 해야 한다.

여기에서 말하는 바디랭귀지에 관한 이야기들은 정말 팁일 뿐이다.
사람의 행동 하나하나, 눈빛의 하나하나가 어떻게 한마디의 말로 설명이 되겠는가.
중요한 것은 당신이 서는 그 자리에서 당신이 자유로움을 느껴야 한다는 것이다.

스피치를 비롯해 어떤 것들로부터든
자유로움을 느끼게 된다면
아주 자연스럽고 설득력 있는 바디랭귀지를
표현하게 될 것이다.

4장.

난 늘 똑같은 말만 하는데…
색다른 거 뭐 없을까?

_떡고물 이야기

이 야 깃 거 리 를   모 셔 라

몇몇 사람들과 스피치 모임을 함께한다고 가정해보자.

당신은 매일 그들에게 새로운 이야기를 들려주어야 한다.

과연 당신은 얼마 동안 주목받는 사람이 될 수 있을까?

평소 자신이 하는 말을 한번 잘 들어보자.

아마도 며칠 전에 했던 말을 다른 누군가에게 반복하고 있을 가능성이 높다.

며칠간 자신의 입으로 말한 단어들을 모아보자.

상당한 단어들을 반복해서 사용하고 있을 가능성 역시 높다.

카드 돌려막기처럼 우리는 말 돌려막기를 하는 경우가 있다.

사람들과의 관계를 넓고 얕게 가질수록 더 그렇다.

말을 잘한다는 것은 기능적으로 말을 잘한다는 의미도 있겠지만, 한편으로는 한 마디를 하더라도 들을 만한 말을 하는 것이다. 우리는 얼마나 들을 만한 말을 하고 있을까? 만일 하나의 '꺼리'로 이곳저곳에서 말하고 있다면 이제는 풍부한 이야깃거리에 대해서 한 번쯤 고민해보아야 한다.

무역 업계에서 유명한 어느 강사님이 있다. 정말 타고난 선생님이라 생각될 만큼 사람들을 끊임없이 웃게 만들고 그 와중에 또 내용을 이해할 수 있게 해준다. 그것도 무역이라는 과목에 대해서 말이다. 다음은 강의를 마치면서 그가 한 말이다.

> "여러분. 이 노트가 보이시나요?
> 이 노트에는 제가 오늘 여러분께 해드린 재미있는 이야기가 모두 들어 있습니다. 아까 제가 한 여학생에게 '얼굴이 달걀형인 데다 이마가 번쩍이는 것이 성공할 상이다'라는 말씀을 드렸죠? 오늘 아침 제가 작성한 이 페이지에는 '한 학생에게 얼굴이 달걀형이고 이마가 잘생겨서 성공할 것이라는 말을 해준다.'라고 적혀 있습니다.
>
> 집에 가면 이런 노트가 몇 권이나 더 있죠. 이 노트는 제 보물입니다. 중요한 강의를 하든 글을 쓰든 이 노트를 찾아보면 이야깃거리가 넘쳐납니다. 평소에 생각나는 꺼리를 차곡차곡 모아두었기 때문에 저는 여러분과 만나기 전에 이 노트를 한 번만 훑어보면 되는 거죠.
>
> 여러분도 인생에서 이런 보물 하나씩은 꼭 만들어나가길 바랍니다."

그렇다. 내가 전하고 싶은 이야기다.

스마트폰 메모장을 열어보자.

제목은 "꺼리를 모십니다!"

순간 번쩍이는 아이디어, 책 속에서 얻은 한 줄의 빡침, 생활 속에서 얻은 깨우침, 나눌 가치가 있는 신문 기사, 빵빵 웃음 터지는 이야기, 주변 사람들의 삶의 이야기, 언젠가 써먹을 기회를 노려볼 만한 유행어 등등 사람들에게 들려주고픈 이야기들을 차곡차곡 모아보는 것이다.

말을 잘하는 사람은 타고난 것이 아님을 지금쯤은 모두 알게 되었을 것이다. 기능적인 훈련을 넘어 우리가 평소에 그리고 평생 해야 하는 것은 사람들에게 들을 만한 이야기를 들려주는 것이다. 사람들은 성의가 있는 당신의 이야기에 기꺼이 귀를 기울여줄 것이다.

나 는   위 대 한   스 토 리 텔 러 다

요즘 사람들은 스마트폰이나 모니터를 통해 글자를 읽고 이미지를 보면서 하루의 많은 시간을 보낸다. 특히 직장인들은 도표, 통계자료가 있는 활자 가득한 서류를 다룬다.

입장 바꿔 생각해보자. 만일 당신이 그러한 시간을 보내는 와중에 누군가의 이야기를 듣게 된다면 당신은 무엇을 기대하겠는가? 또 당신이 다시 스마트폰을 들여다보고 싶지 않게 만드는 것은 무엇이어야 한다고 생각하는가?

당신을 집중하게끔 만드는 그것은 당신의 인생에 도움이 되는 매우 중요한 정보이거나, 그게 아니라면 종이쪼가리에서는 감히 찾을 수 없는 특별함이 있어야 할 것이다.

지금부터의 이야기는 그 특별함에 관한 것이다.
특별하다니, 되게 특별할 것 같지만 또 그렇게 특별하지 않은 찰떡 스피치의 특별함이란?

바로 스토리텔링이다.

스토리텔링, 여기저기서 참 많이 들어보았을 것이다. 익숙하기 때문에 쉬울 것 같아도 막상 멍석을 깔아주면 도망가고 싶은 것이 그것이다. 다른 이들의 스토리텔링에는 이미 익숙해 있고 숱한 감동을 받아왔지만, 직접 스토리를 텔링할 기회는 좀처럼 없기 때문이다.

스토리텔링:
말하고자 하는 바를 재미있는 이야기를 통해 전하다.

심리학자 제롬 브루너Jerome Bruner는 사람은 '사실' 그 자체를 듣는 것보다 스토리의 일부로 들을 때 20배 이상 더 잘 기억한다고 말했다. 오, 20배! 대단하지 않은가?

또한 대다수 사람들이 '사실'을 위주로 말하는 분위기에서 자신의 말에 스토리를 담아내는 사람은 어부지리 격으로 차별화되면서 돋보인다. 그것은 면접, 프레젠테이션, 회의, 회식 등 어디서나 마찬가지다.

벌써부터 '나는 못해'라고 단정 짓지 말기를 바란다. 호모 나랜스Homo Narrans라는 용어가 있다. 사람은 누구나 재미있는 이야기를 하려는 본능이 있고 듣는 것을 좋아하며 그러한 이야기를 통해 사회를 이해한다는 의미의 단어다. 우리도 사람, 고로 할 수 있다!

어느 정치인의 강연을 들을 기회가 있었다. 작은 공간에서 이루어진 강연이었는데 청중은 30명 남짓이었다. 애초에 큰 기대가 없었던 탓인지 강연을 듣는 내내 참 놀라웠다. 한 시간 삼십 분 동안 그는 대본도, PPT도 없는 상태로 혼자 이야기를 이끌어갔기 때문이다. 그것도 사람들에게 재미와 감동을 안겨주면서 말이다. (중요한 것은 재미와 감동까지 줬다는 것이다!)

어떻게 가능했을까?
역시 **스토리텔링**이다.

그의 강연은 90분짜리 한 편의 영화 같았다. 꿈을 가진 시골 소년이 어려움을 극복하고 마침내 꿈을 이루게 되는 이야기 말이다. 기승전결이 있었고 클라이맥스가 있었으며 사람들의 머릿속에 그림을 그려주는 생생함이 있었다. 진짜 경험에서 나오는 진솔한 표현들이 잘 드러나면서도 사람들이 정치인인 자신으로부터 듣고 싶어 할 법한 메시지 역시 잘 녹여내고 있었다. 잦은 스피치 경험에서 나오는 연륜은 여유로움이 되어 자신감으로 표출되었다. 한 시간 삼십 분이라는 시간은 30명의 유권자에게 그의 정치 인생을 기대하게 만드는 충분한 시간이 되었을 것이다.

"사람들은 스토리를 통해 생각하고,
스토리로 이야기하고, 스토리로 커뮤니케이션하고,
심지어 스토리로 꿈을 꾼다. 조직 내에서
무슨 일이 벌어지는지 알고 싶다면 어떤 스토리들이
돌아다니고 있는지 들어볼 필요가 있다.
그리고 조직을 움직여 어떤 일을 하고 싶다면 사람들을
움직일 수 있는 스토리를 활용할 필요가 있다."

스티브 데닝Steve Denning, '왜 조직 내에서 스토리가 중요한가'라는 질문에 대해.
—황신웅, 『스토리텔링 사용설명서』中

그렇다면 이제 그 좋은 스토리텔링을 하기 위해서는 어떻게 내용을 구성해야 하는지 알아보자.

리처드 맥스웰, 로버트 딕먼의 『5가지만 알면 나도 스토리텔링 전문가』라는 책에서는 이야기를 만들어내고자 하는 사람들이 참고할 만한 내용이 나와 있는데, 말에 스토리를 담고자 하는 우리도 참고하기에 좋다. 그 책에서는 스토리텔링의 기본 요소를 다음의 다섯 가지로 나누었다.

이야기에 담긴 열정passion
청중을 이끌어 자신의 관점으로 이야기를 볼 수 있게 해주는 영웅hero
영웅이 반드시 맞서 싸워야 하는 악당antagonist
영웅을 성장하게 만드는 깨달음의 순간awareness
모든 과정을 거친 후 반드시 뒤따르는 영웅과 세상의 변화transformation

우리의 이야기에서 영웅은 자기 자신이 될 것이고, 악당은 자신에게 고통과 어려움을 주는 존재가 될 것이다. 이는 사람이 될 수도 있고 사회 환경, 조직 문화, 편견 등 무엇이든 가능하다.

위 다섯 가지를 이야기에 적절하게 담아내 전달하고자 하는 메시지가 잘 녹아들도록 만들면 된다.

위의 구성요소를 조합하여 이야기를 만들었다면 이야기를 점검해야 하는데, 책에서는 이야기를 하는 도중이나 끝난 후에 다음의 질문 목록으로 점검할 것을 조언한다.

열정
내가 왜 그 이야기를 했을까?

왜 그 문제에 신경을 쓸까?

이야기를 듣는 사람도 신경을 썼을까?

영웅
누구에 관한 이야기였나?

듣는 사람도 주인공의 관점을 받아들였을까?

악당
주인공은 어떤 문제에 직면했는가?

그 이야기를 한 것이 나와 듣는 사람에게 어떤 느낌을 주었을까?

깨달음
이야기 속에서 주인공은 무엇을 배웠을까?

이야기가 빛을 발하게 하려고 사실에 덧붙인 것은 무엇인가?

변화

이야기 속에서 어떤 변화가 일어났는가?

이야기를 만들기에 앞서 한 줄의 메시지를 정해보자.

당신은 어떤 이야기를 들려주고 싶은가?

어떤 메시지를 사람들에게 말하고 싶은가?

그 한 줄이 정해진다면 한 줄이 잘 담긴 이야기로 재탄생시켜보자. 당신의 삶에서의 진짜 이야기를 진짜 당신이 담겨 있는 이야기로 만들어낸다면 더욱 좋다. 진부하지 않으면서 재미와 감동이 있다면 이야기의 길고 짧음은 문제가 되지 않을 것이다.

가끔 학생들과 사물을 의인화하는 스피치를 함께하곤 한다. 학생들은 말하는 순간만큼은 볼펜이 되기도 하고 플라스틱 물병이 되기도 한다. 사물을 의인화해 말하는 것은 낯 뜨겁기는 해도 자꾸 하다 보면 나를 물체에 투영해서 말하게 됨으로써 이야기 풀어내는 것을 연습하기에 좋다.

처음 시작할 때는 대개 사물의 특성을 설명하고 나열하게 된다. "안녕하세요, 저는 플라스틱 물병입니다. 저는 다양한 크기가 있는데요…… 어디에서 팔고요……" 틀린 것은 아니다. 그렇지만 듣는 사람들의 호기심을 자극하고 그 사람들이 이야기를 들으면서 생각을 할 수 있게끔 해주지 않는다는 점에서 아쉬움이 있다. 누구나 예상할 수 있는 것들이기 때문이다.

다음은 실제 현장에서 스마트폰을 의인화한 두 친구의 스피치다.

김 군의 스마트폰

"저는 미국에서 온 스마트폰입니다. 스티브 잡스가 만들었죠. 저는 2G폰보다 많은 정보를 제공합니다. 전화, 문자. 게임은 물론이고 인터넷 검색이 가능합니다. 사람들은 저를 통해 친구들과 대화를 나누고 사진을 공유할 수도 있습니다. 동영상을 볼 수도 있습니다. 한마디로 저는 만능 기계입니다."

이 군의 스마트폰

"안녕하세요, 여러분의 똑똑한 친구, 스마트폰입니다. 요즘 많은 사람들이 저를 손에서 놓지 않아요. 참 기분 좋은 일이죠? (하하) 많은 사람들 중에서 유독 저를 손에서 놓지 못한 한 남자가 있었어요. 바로 여기 서 있는 잘생긴 제 친구입니다. 이 친구는 얼마 전 여자친구에게 버림받았어요. 그것도 갑작스럽게 말이죠.

더 슬픈 사실은 이별 통보를 제가 했다는 것입니다. 왜 그녀는 저에게 그런 힘든 일을 시킨 걸까요? (에휴!) 저는 너무 속상했습니다. 그런데 그 이후로 이 친구는 저를 더 아껴주었어요. 제게서 한시도 눈을 떼지 못하고 손에서 놓지 않았죠. 저는 싫지 않았지만…… 이상하게도 마음이 더 아팠습니다.

이제 저는 제 친구가 다시 예전처럼 웃기를 원합니다.
010-××××-××××. 거기 박상미 씨! 외웠어요?"

검색의 편리함을 말한 김 군과 새로운 사랑을 찾는 이 군!
누구의 이야기에 입꼬리가 올라가겠는가?
박상미 양이 아니더라도 이 군의 이야기가 더 재미있다.

스토리텔링을 어렵게 생각하면 한없이 어렵다. 거창한 것, 극적인 상황이 어마어마한 것으로만 여긴다면 "제 삶은 특별한 것이 없어서……"라는 말만 하게 된다.

쉽게 생각하자.
생활 속에 일어난 작은 이야기에서 시작하면 된다.
순간순간을 기억하고 말 속에 담아보자.
평소 에피소드들을 수시로 메모하는 것도 큰 도움이 된다.

어떠한 경험이라도 '나만 겪는 게 아닌데', '별로 대단하지 않은데'라는 생각은 필요하지 않다. '사실'은 평범할지라도 당신이 들려줄 이야기는 평범하지 않을 수 있다. 나의 이야기를 풍성하게 만들어가는 것은 행복을 발견해나가는 또 하나의 방법이 될 수 있을 것이다.

스토리텔링, 다음을 늘 생각하면서 나만의 이야기를 만들어가보자.

사람들이 **듣고 싶어 하는 것**이 무엇인지 **파악**한다.
내가 **전달**하고 싶은 것이 **무엇인지** 정한다.
이왕이면 나의 **경험**을 **바탕**으로 한다.
누구나 **공감**할 수 있는 **익숙한 것**이어야 한다.
이성이 아닌 **감성**을 **자극**하는 내용이어야 한다.
하나의 이야기에는 **하나의 메시지**만 전한다.

나 를 소 개 합 니 다

이야깃거리와 스토리텔링에 관하여 알아보았다. 그렇다면 이 시점에서 우리가 꼭 해보아야 할 것이 하나 있다. 바로 자기소개다. 책을 내려놓고 앞에 많은 사람이 앉아 있다는 상상 아래 자기소개를 한번 해보자.

어떠한가?
만일 수월하게 술~ 술~ 잘 나온다면 멋진 일이다.
반면 "안녕하세요, 저는 누구누구입니다" 이후에 쩜쩜쩜(…), 말문이 턱 하니 막힌다면, 이제 자기소개에 조금 더 관심을 가져보도록 하자.

자기소개는 새로운 사람들과의 만남이나 학교, 직장에서 등 우리가 어려서부터 참 많이 하게 되는 말하기임에도 불구하고 여간해서는 잘 적응되지 않는 말하기 중 하나다. 분명 '나'에 관한 말하기인데 왜 그렇게 낯간지럽고 불편하게 느껴지는 걸까? 아마도 평소 잘 생각해둔 적도, 고민해본 적도, 준비해본 적도 없기 때문일 것이다.

많은 사람들이 자기소개를 할 때면 다음의 문장들이 주를 이룬다.

안녕하세요, 누구누구입니다.
…저는 몇 살입니다.
…저는 어디어디에서 근무하고 있습니다.

자기소개로 '기억에 남는 사람'이 되고자 한다면 여기에서 조금 더 나아가보자. 이름, 나이, 직업 같은 정보 전달로는 사람들에게 인상을 남기기가 쉽지 않다. 가장 먼저 해야 할 일은 역시 '누구에게 전하는 나인가'이다. 즉, 듣고 있는 사람들이 누구이고 그들이 듣고 싶어 하는 것은 무엇인가에 관심을 가져야 한다.

그러고는 기꺼이 사람들과 나누고픈 나의 이야기에 눈을 돌려보자. 앞에서 알아본 이야깃거리, 스토리텔링이 아주 큰 도움이 될 것이다. 일상 속의 이야기는 사람들의 공감을 얻기에 참 좋은 만큼 자신의 경험에 초점을 맞추면 된다. 특별한 경험을 통해 얻은 가치, 앞으로 그들과 원하는 관계에 관한 이야기, 그들과의 관계가 기대되는 이유 등 전하는 이야기의 깊이만큼 감동을 전할 수 있을 것이다.

자기소개에 녹여내면 괜찮을 법한 이야기에는 다음의 것들이 있다.

앞으로 청중들과 해내고 싶은 단 하나의 목표
현재의 자리가 자신에게 주는 의미

청중이 내 인생에 미친 크나큰 영향

특별한 경험을 통해 얻은 일생일대 깨달음의 나눔

자신이 '인간관계'에 갖는 애착의 정도와 앞으로의 의지

특별한 취미와 그 취미를 갖게 된 계기와 추천

'아무래도 이곳에 가면 자기소개를 해야 할 텐데……' 하는 상황이 온다면 이제는 준비하자. 일단 부딪치는 것도 멋진 일이지만 흡족할 만큼 제대로 해내는 것은 더욱 멋진 일일 것이다.

첫 번째. 청중을 분석하자.
청중은 누구인가? 그들은 어떤 이야기를 듣고 싶어 할 것인가?

두 번째. '이것만큼은 꼭…', 말하고 싶은 메시지를 선택하자.
'나'라는 사람을 통해 그들에게 전하고 싶은 메시지는 무엇인가?

세 번째. 에피소드를 떠올려보고 선택하자.
메시지와 연관시킬 수 있는 나의 경험에는 어떠한 것이 있는가?

네 번째. 이야기로 구성하자.
경험을 재미와 감동이 있는 이야기로 구성할 수 있는가?

다섯 번째. 멋지게 자기소개하자.
높은 전달력으로 이야기를 잘 전할 수 있는가?

5장.

술술~ 말하고 싶다.
아니, 쫀득하게 말 잘하고 싶다!
_찰떡 이야기

말 도 해 본 사 람 이 잘 한 다 !

말을 잘하고 싶은 사람은 많다. 그런데 말을 한 번이라도 더 해보려고 노력하는 사람은 드물다. 프레젠테이션은 되도록 다른 사람이 했으면 싶고, 앞에 나와 말을 하라 부추기는 자리는 웬만하면 피하고 싶다. 그러면서 '연습을 해서 말을 잘하게 되면 사람들 앞에 서야지!' 하고 결심한다. (지금쯤은 이러한 마음가짐이 틀렸다는 것을 알 것이다!)

> 스피치는 양질 전환의 법칙을 따른다.
> 양적인 팽창이 있어야
> 그것을 바탕으로 질적인 도약을 이룰 수 있다.

고기도 먹어본 놈이 잘 먹는다고, 정말이지 말은 해본 사람이 잘한다. 실제 교육 현장에서도 성별, 성향, 연령, 직군에 관계없이 '말은 할수록 더 잘하게 된다'는 결론은 쉽게 얻을 수 있다. 개인별로 차이가 있다면 변화의 속도뿐이다.

양보할 틈이 어디 있겠는가.

지금보다 나아진 나를 발견하고 싶다면 적극적으로 나서는 용기를 가져보자.

그렇다면 우리를 선뜻 나서게 하는 용기는 어디에서 찾아야 할까.

내성적인 사람들에 관한 연구로 『콰이어트』라는 책을 집필한 수잔 케인의 이야기를 한번 들어보자.

그녀는 세계 인구 3분의 1을 차지한다는 내성적인 사람들 중 한 사람이었다. 외향적인 사람들만이 창의적이고 열정이 있으며 리더십이 넘치는 사람으로 인정받는 사회를 보며 내성적인 사람들에 관한 연구를 시작했다고 한다. 7년간의 연구 끝에 책을 세상에 내놓게 되었고, 그녀는 되레 이전과는 다른 새로운 삶을 시작하게된다.

> "집필하는 7년 동안 정말 행복했습니다.
> 왜냐하면 독서하고 글 쓰고 생각하고 연구하는 시간이었기 때문입니다.
> 이 책은 제 할아버지가 서재에서 보내신 혼자 있는 시간의 제 버전입니다.
>
> 하지만 지금 제가 하고 있는 모든 일은 아주 다릅니다. 제 일은 이렇게 나와서 말하는 것이죠. 그것도 내성적인 성격에 대해서 말이죠. 그게 저에게는 훨씬 더 어렵습니다. 왜냐하면 지금 이 순간 여러분과 함께하는 것이 영광스러운 만큼이나 제게는 자연스러운 환경이 아니기 때문이죠.

그래서 제가 할 수 있는 한 최선을 다해 이러한 상황을 위해 준비했습니다. 저는 지난 1년간 기회를 얻을 수 있는 매 순간 대중 앞에서 연설하는 것으로 시간을 보냈습니다. 이때를 저는 '위험할 정도로 연설하는 해'라고 부릅니다. 사실 그게 많은 도움이 되었습니다."

—수잔 케인, TED 강연 中

내성적인 성격으로 내성적인 사람들에 대해 연구를 하고, 내성적인 사람들에 관한 책을 내놓은 그녀가 전 세계 사람들이 지켜보는 TED 강연에 나섰다. 강연은 한마디로 So Cool! 내성적인 성격이라고는 믿기 어려울 만큼의 여유로움과 겸손함이 더해진 열정은 참으로 매력적이었다.

그녀의 이야기에 주목한다면 우리 역시도 우리를 나서게 만드는 용기에 대해서 생각해볼 수 있다. 바로 (거절할 수 없는) 나서야 하는 상황의 연속이다.

말을 잘하고 싶은데 용기가 선뜻 나지 않는다면, 없는 용기도 만들어주는 상황을 만들자. 스피치 동호회를 만든다든가, 사내에 스피치 모임을 만든다든가, 스피치 교육원의 문을 두드리는 것도 좋다. 어쨌든 나를 가만히 앉아만 있게 놔두지 않는 사람들의 무리 속으로 자신을 집어넣는 것이다.

수잔 케인이 했던 위험할 정도의 도전을 우리도 얼마든지 할 수 있다.
상황을 만들고 그 상황 속에 자신을 내던지는 일은 정말 멋진 일이 될 것이다.

만일 스피치 동호회나 모임을 만들게 된다면 다음과 같이 하면 좋다.

인원 6~8명

모임 일주일에 한 번

진행 방식
서로 간의 호칭은 나이를 떠나 이름이면 좋다.
매주 한 사람이 리더가 되어 그 사람이 던지는 주제로 스피치한다.
자유 스피치, 프레젠테이션 스피치, 방송 스피치도 할 수 있다.
한 사람씩 말을 할 때 그의 스마트폰으로 나머지 사람들 중 한 명이 촬영해준다.
스피치가 끝나면 질문을 주고받으면서 생각을 나눈다.
서로가 서로의 스피치 코치가 되어 피드백 시간을 갖는다.

다음은 모임에서 스피치 주제로 활용하기에 좋은 것들이다.

자기소개

나의 꿈

나의 장점과 단점

나의 좋은 습관

나의 비전과 미션

버킷리스트

참 고마운 사람

행복하게 만드는 것

가장 큰 성취감을 주는 것

가족

앞으로 성취해나가고 싶은 것

가장 큰 만족을 느낀 경험

하고 싶은 일과 잘하는 일

소중하게 생각하는 가치

삶의 변화를 가져온 경험

인생의 멘토

나를 나타내는 키워드 세 가지

용서의 경험

인생을 바꾼 한 권의 책

내게 직장이란?

인생을 바꾼 한 편의 영화

도전하고 싶은 자기계발 분야

사람들에게 미치고 싶은 영향력

추천해주고 싶은 자기계발 분야

10년 전의 나와 지금의 나

10년 후의 내 모습

나를 SWOT 분석 하라

다시 태어난다면?

과거로 돌아간다면?

나의 뇌 구조

나를 가장 잘 표현하는 형용사

자신감을 얻는 나만의 방법

이상형

청소년기, 그땐 그랬지!

한 번쯤은 만나고 싶은 사람

무인도에 갈 때 갖고 갈 세 가지

타임머신이 있다면?

나에게 쓰는 편지

좋아하는 단어

시간을 쓰는 방법

살아보니 이건 꼭 필요하더라

나의 묘비에 쓰고 싶은 문장

주제를 두고 사람들과 스피치를 하다 보면 그동안 몰랐던 자기 자신에 대해 하나씩 알아나가는 재미를 느낄 수 있다. 자신에 대해 알고 또 함께하는 사람들에 대해 알아가면서 얻게 되는 배움 역시 있다. 그 시간이 소중하게 생각되는 순간, 이미 변화는 시작된 것이다.

자, 주변의 누구와 함께할지 얼굴을 하나둘 떠올려보자!

목표를 달성하려고 노력할 때
많은 사람들이 단번에 꿈을 이룰 대승리, 홈런,
마법의 해법을 찾는 것 같은 잘못을 저지른다.
대승리를 거두려면 반드시 그전에
작은 승리를 많이 거둬야 하는 법이다.
성공은 대개 어마어마한 행운이 아니라
단순하고 점진적인 성장에서 비롯된다.

─ 백만장자 앤드류 우드Andrew Wood

(존 맥스웰, 『사람은 무엇으로 성장하는가』 中)

즉석 도넛만큼 즉석 스피치가 맛있다

즉석 스피치에 도전하자!

즉석 스피치란 하나의 키워드가 주어졌을 때 일정 시간 동안 그에 관해서 말하는 것이다. 참여하는 스피치 모임이 있다면 즉석 스피치는 꼭 빼놓지 않고 매번 하는 것이 좋다. 즉석 스피치에 숙달되면 어디에서든 갑자기 요청받는 건배사, 축사, 인사말 등을 편안하게 잘해낼 수 있다.

즉석 스피치에서는 추상적이고 포괄적인 키워드일수록 즉각적으로 말하는 것이 쉽지 않다. 갈 수 있는 길이 너무 많다 보니 어디로 가야 할지 정하지 못하고 갈팡질팡하게 된다.

자, 행복이라는 키워드가 주어졌다고 하자. "행복"

3분간 즉석 스피치를 해보자.

"행복은……"

운을 떼자마자 머릿속이 복잡해지는 순간을 맞이할 수도 있다.

"행복은…… 좋은 것입니다."
"행복은…… 불행의 반대말이죠."

당신의 즉석 스피치는 어떠한가. 만족스러운가.

만일 다이어트와 멋진 체형을 위해 헬스장을 찾았다고 하자. 같은 헬스장에서 같은 시간 동안 운동을 할 때, 다음 두 사람 중 누가 더 목표에 빠르게 도달할 수 있을까?

박씨, 그날 그날 하고 싶은 기구를 활용해 운동한다.
vs.
김씨, 그날의 목표량을 정하고
유산소와 무산소 운동을 배분해 운동한다.

물론 박씨일 수도 있다. (분위기상 김씨를 응원해줬으면!)

체중 감량과 힙업을 원한다면 충분히 땀을 흘릴 만한 유산소 운동과 힙업 맞춤형 웨이트 트레이닝을 진행해야 한다. 같은 시간이라도 원하는 목표에 맞게 한다면 효율을 높일 수 있다. 여기에서는 '운동'이라는 키워드에 '힙업'이라는 목표가 더해지면서 운동 방법이 달라졌다.

즉석 스피치도 그렇다. 추상적인 키워드에 목표를 더해야 한다. 구체화시키는 것이다. 행복이라는 키워드에 대해 말하고자 하는 바를 빠르게 결정하고 시작하는 것이다. 그것은 본인의 선택으로 얼마든지 다양해질 수 있다.

행복의 정의

행복할 수 있는 방법

행복의 필수 요소

내 삶이 행복한 이유

행복과 불행의 차이점

행복한 사람들의 특징

내가 아는 가장 행복한 사람

.

.

연습을 할 때는 가상의 청중을 눈앞에 둔다. 그리고 추상적인 단어 하나를 자신에게 던져보자. 단, 시간을 정해두는 것도 중요하다. 1분·3분·5분·7분, 본인의 역량을 최대한 이끌어내줄 수 있는 시간이면 된다. 하나의 이야기를 마쳤다면 시도해보지 않았던 이야기들에도 도전해본다.

주의할 점은 뻔한 이야기는 되도록 하지 않는 것이다. 누구나 할 수 있는 이야기보다는 나만이 할 수 있는 이야기를 만들어낸다면 더 흥미진진할 것이다.

즉석 스피치의 꾸준한 연습을 통해 "김 대리, 건배 제의 한번 해보게", "오늘 처음 오셨는데 한마디 해주세요"처럼 갑작스러운 요청에, 준비한 것보다 더 멋들어진 스피치를 보여주자.

말하면서 생각하라

많은 사람들이 ①생각을 하고 난 후 ②말을 하는 순서를 좋아한다. 그것은 아마도 우리 사회가 유창함의 가치를 높이 평가하기 때문일 것이다. 하나라도 내용을 정해두고 다듬어서 더듬지 않는 말하기를 원한다. 그러다 보니 말을 해야 하는 상황에서 사람들은 종이에 첫마디부터 써내려가거나 머릿속으로 글을 쓴다. '안녕하세요, 저는 누구누구입니다. 저는……'

그런데 이게 꼭 좋은 방법일까?

종이와 머릿속에서 써내려간 내용은 결국 대화식으로 말하기보다는 외워서 읊는 말하기로 표현될 수밖에 없다. 더군다나 정해진 앞뒤 내용을 기억해내느라 말은 뚝뚝 끊어지기 일쑤고 더듬을 가능성은 오히려 더 높아진다.

그래서 나는 되도록이면 말하면서 생각하는 것을 권하고 싶다.
순서가 중요하다.

생각하고 말하는 것이 아니라 말하면서 생각하는 것이다.

말하면서 생각을 하면 말을 했을 때 그 표현이 굉장히 자연스럽다. 그래서 준비한 듯한 딱딱함과 어색함이 줄어든다. 다음의 내용으로 넘어가며 버벅대더라도, 청중이 보았을 때 그것은 불편한 버벅댐이 아닐 수 있다. 말하는 본인도 정답을 찾는 말하기가 아닌 이야기를 하게 되면서 몰입하기가 쉬워진다. 결국 하는 사람이나 지켜보는 사람이나 상대적으로 편안함을 느낄 수 있다.

말을 잘하려면 독서를 많이 하라는 어른들의 말씀은 이와 무관하지 않다. 독서를 하면 사용할 수 있는 어휘의 양이 많아지고 논리 구조를 습득할 수 있다. 이것은 말하면서 생각을 할 때 그 가치를 발한다. 적합한 어휘를 빠르게 선택할 수 있고 두서없이 던지는 말 같아도 들어보면 논리가 얼추 잘 맞아떨어진다. 종이에 적어두거나 따로 외우지 않았지만 말에는 부족함이 없는 것이다.

즉석 스피치를 수시로 하면서 평소에도 연습할 수 있다.
어떤 주제든지 대화를 하듯 말하면서 생각하기를 시도해보자.

꽃보다 논리, 네 가지

자신의 주장을 펼치고자 할 때, 논리에 맞게 말을 한다는 것은 생각만큼 쉽지 않다.

머릿속에 생각의 방이 있다고 하자. 이 방 안에는 어마어마하게 많은 것들이 널브러져 있을 것이다. 흡사 7살, 5살 형제의 장난감 방 같다. 그 방 안에서 우리는 필요한 어휘들만 쏙쏙 뽑아내야 한다. 그것도 말의 앞뒤가 착착 들어맞도록 따져가면서 말이다. 그런데 이때 어디에 쓸 무엇이 필요한지를 정해두지 않고 이것저것 막 끄집어내다가는 방문을 닫고 싶은 욕구가 솟구치게 될 것이다.

빠르게 결정하고 골라내기 위해 우리가 놓치지 않고 따라가야 하는 것이 사고의 길잡이다.
말을 할 때면, 머릿속의 '나'는 네 가지의 길잡이를 따라가도록 해보자.

길잡이 하나. 결국 **주장하고 싶은 것**이 무엇인가?

길잡이 둘. **이유**는 무엇인가?

길잡이 셋. **근거**는 무엇인가?

길잡이 넷. 그래서 **결론**은 무엇인가?

무엇을 말하려고 하는지, 왜 그렇게 말하려고 하는지, 그 근거는 무엇인지, 그래서 얻고자 하는 것이 무엇인지를 생각하는 것이다. 말을 하다 당황한 나머지 횡설수설하더라도 길잡이를 떠올리면 빠르게 제자리로 돌아올 수 있다.

개괄을 하는 습관을 들이는 것도 좋다.

"제가 그렇게 생각하는 이유는 다음 세 가지입니다.
첫째, ……
둘째, ……
셋째, ……"

또한 말하고 싶은 것을 하나의 문장으로 만들어보는 것도 좋다.

"내가 말하고자 하는 바는 ~이다."

어떤 말을 하든 내용들이 여기저기 흩어져 있는 것은 좋지 않다. 말을 할 때 위의 것들을 습관처럼 들여놓아 잠시 잠깐 삼천포로 빠지더라도 "결국 제가 드리고 싶은 말씀은……" 하며 제자리를 돌아올 수 있도록 한다.

말하는 사람이 하나의 논리 흐름을 따라서 흘러가지 않으면 듣는 사람은 쫓아가기가 어렵다. 네 가지의 길잡이를 따라 자신이 원하는 바를 제대로 말할 수 있도록 하자.

생각보다 중요한 그 시작!

3분이 넘어가는 스피치에서는 말하는 사람과 듣는 사람들이 공유하는 시간이 늘어나는 만큼 서로 간의 밀고 당기기가 참 중요하다. 밀고 당기면서, 긴장과 집중이 모아지는 몰입의 순간에 이를 수만 있다면 정말 어느 활동 못지않은 친밀도를 서로 간에 형성할 수 있다. 뿐만 아니라 짜릿함, 환희, 소름 끼치게 좋음 같은 흔치 않은 감정 역시 함께 느낄 수 있게 되는 것이다.

여기에서 청중의 경청 의지는 매우 중요한데, 그 청중의 의지를 더 강하게 이끌어 내는 것 역시 스피커의 능력이라는 점에서, 말하는 사람의 능력이 갖는 가치는 무한하다고 할 수 있을 것이다.

시간이 지나면서 천천히 청중의 몰입을 끌어내는 것도 아무나 쉽게 할 수 있는 일은 아니지만, 그보다 더 어려운 것이 바로 시작부터 청중을 몰입할 수 있게 만드는 일일 것이다. (그것은 말하는 사람의 사회적 위치 및 청중과의 관계에서부터 이미 시작된다!)

'나는 지금까지 스피치의 시작에 얼마나 큰 공을 들여왔는가'에 대해 생각해보자.

보통 우리는 우리가 해야 할 메인이벤트에 집중하느라 시작에 관심을 가질 여력이 부족한 경우가 대부분이다. 여력의 부족함 못지않은 것이 무관심이기도 하면서 말이다.

자! '어떻게 잘할 것인가?'만큼 '어떻게 시작할 것인가?'에 대해 관심을 가져보자.

스피치의 시작은 전체 시간의 분위기를 결정한다는 점에서도 그 중요성이 크다. 청중들은 처음 받는 그 느낌으로 전체적인 흐름을 예감하고 그에 상응하는 관심을 보여주기 때문이다. 그래서 호감으로 다가가야 하는 것은 물론이거니와, 조금 더 호기심을 유발하고 관심을 가질 수 있도록 해주는 것이 우리에게는 중요하다.

그 방법에서는 얼마든지 자신만이 만들어낼 수 있고, 아주 다양하게 시도해볼 수 있다. 내가 얘기하고 싶은 것은 그게 무엇이든 포함되어야 할 무언의 표현이다.
바로 **열정**과 **애정**!

목표를 향한 열정
성공을 향한 열정
그들(청중)에 대한 애정
콘텐츠에 대한 애정

열정과 애정은 자신감 넘치는 목소리, 그들을 향하는 눈빛, 기쁨을 머금은 미소, 겸손한 제스처로부터 얼마든지 나타날 수 있다. 함께하는 그 순간이 자신에게 얼마나 의미 있는 일인가에 대한 적극적인 표현인 것이다. 진짜! 정말! 소중하게 느낀다면 이것은 아주 자연스러우면서 본능적인 '드러남'이다.

사람들 앞에 선다는 것 자체에 감사함을 느끼고 겸손함을 갖자. 그렇다면 당신의 열정과 애정이라는 후광이 그 시작을 알릴 것이다. 그것은 사람들을 몰입시키고 감동시키기에 부족함이 없다.

상대가 뭔가 말하고자 하는 것이
아직 남아 있는 한,
이쪽이 무슨 말을 해도 소용이 없다.

— 데일 카네기Dale Carnegie

몸을 기울여 듣다, 경청

'경청이 최고의 스피치다!'라고까지는 말하고 싶지 않은 것이 나의 솔직한 마음이다. 엄연히 다른 것은 다른 것. 닭이 먼저냐, 알이 먼저냐가 아닌 닭과 알은 서로 분명 관계가 있는 두 가지라는 것에 초점을 맞추고 싶다. 그럼에도 찰떡 스피치에서 경청을 되짚는 이유는 경청이 갖는 힘을 믿기 때문이다.

스피치 훈련에 참여한 사람들 중에서는 의외로 마음을 치유받고 간다는 사람들이 많은 편이다. 표현함으로써 느끼는 카타르시스 못지않게, 경청 덕분이 아닐까 짐작해본다. 스피치 모임에서도 마찬가지겠지만, 훈련 중에는 한 사람이 앞에서 말을 할 때 그 공간에 있는 나머지 사람들은 피드백을 주기 위해서라도 굉장히 열심히 듣는다. (경청이 익숙하지 않은 사람에게는 경청을 강요하기까지 한다!)

그러다 보면 앞에 선 당사자는 사람들의 관심만으로도 왠지 모를 위로를 받기도 하고 무언의 동의를 얻기도 하면서 마음 한편에 든든함이 생기는 것이다. 아마 이러한 일들을 일상생활에서 조금씩은 느껴보았을 것이다. 자신의 이야기를 잘 들어주는 사람에게 마음이 움직이는 경험 말이다.

그렇다고 경청이 말하는 사람을 위한 듣는 사람의 선행은 결코 아니지 않던가. 듣는 사람도 지식과 영감을 얻을 수 있고, 다양한 이해와 감정을 경험할 수 있다.

그렇다면 '어떻게 들어야 하는가'에 대해 생각해보자. 듣는 데 무슨 방법이 있는가 하고 생각이 든다면 '삐—'! 말을 잘하기 위함만큼이나 노력이 필요할 것이다. 먼저 미국의 스피치 커뮤니케이션 전문가인 로스Raymond S. Ross가 정리한 〈잘못된 듣기의 유형〉을 보면서 자신의 현재 위치를 생각해보자.

끄덕거리기형

다른 사람의 이야기에 고개를 끄덕이거나 반응을 보이며 듣는 척하지만 실제로는 듣지 않고 딴생각을 하는 사람.

돼지형

상대방의 이야기를 들으려는 의지는 없고, 자신의 이야기를 들어주기만을 바라는 사람(남의 말을 도중에 가로막고 자기 말만 하려는 사람들이 이러한 경향이 많다).

빈칸 채우기형

다른 사람의 이야기를 들을 때 전체가 아닌 일부분만 들으며, 듣지 않은 부분에 자신의 생각을 멋대로 채워 넣어 제멋대로 해석하는 사람.

꿀벌형

관심 있고 중요하다고 생각하는 부분만 듣고, 그 나머지는 듣지 않는 사람.

귀머거리형

남의 말을 전혀 듣지 않고 겉으로도 전혀 듣지 않는 것처럼 행동하거나 전혀 이해하지 못하는 척하기도 하고, 듣더라도 그 내용을 금세 잊어버리는 사람.

창던지기형

말하는 사람이 잘못을 저지르기를 기다렸다가 잘못을 발견하는 즉시 창을 던지듯 반박하는 사람.

'이렇게 공감 가는 정리도 없다', 싶지 않은가?

이 가운데서 자신의 유형을 하나만 찾으려 하기보다는 각각의 태도를 '내가 언제,

누구에게 보였던가?'에 대해 기억을 되짚어보자. 자신이 알게 모르게 두었던 경청의 잣대를 가늠할 수 있을 것이다. (그것을 통해 '나는 어떤 인간인가?'에 대한 답도 얻을 수 있다!)

경청은 '배려', '따뜻함'을 떠올리게 하는 훈훈한 행위이지만 그 이면에는 분명히 '인내'라는 고통이 따른다. 끝까지 듣자. 그것만으로도 반은 성공한 것이다.

끝까지 듣고 이해의 시간을 충분히 가졌다면 리액션을 취하자.

"그랬구나" "그래서? 어떻게 됐어?"
"와, 정말요?" "맞아요" "그럼요, 물론이에요"

적극적인 리액션은 말하는 사람의 욕구(안전의 욕구, 표현의 욕구)를 자극한다는 점에서 소통에 매우 긍정적인 영향을 미친다. 만일 누군가로부터 "왠지 같이 있으면 자꾸 말을 하게 되네요!"라는 말을 들어본 경험이 있다면 자신의 어깨를 토닥여주자. 잘하고 있는 것이다.

잘 듣지 않으면서 잘 들어주기를 원하는,
그런 개떡 같은 사람은 아니어야 할 것이다.
찰떡같이 말하고 찰떡같이 귀 기울이자!

집 으 로 가 는 길

지금까지 『찰떡 스피치』와 열심히 달려온 자기 자신에게 박수를 보내자. 종이로 스피치를 배운 것 같지 않은, 뭔가 느낌적인 느낌이었으면 좋겠다. 책을 통해 맛을 보고 감을 잡았다면 이제는 열정과 성실함만이 필요하다. 무엇을 어떻게 하든 굉장히 매력적인 자신을 위한다면 말이다.

찰떡 스피치를 시작하면서 반드시 세 가지는 기억해달라고 당부한 바 있다. 바로 명쾌함, 인간미, 성의다. 느낄 수 있을 것이라 믿는다. 그것들은 무엇이고 어떠한 역할들을 해내는지 말이다. 명쾌하면서도 인간미와 성의가 넘치는 스피치로 사람들과 많은 것들을 나누자. 나누면 나눌수록 채워지는 그 느낌이 얼마만큼 좋은지도 느껴가면서 말이다.

옛날 방앗간에서 풍겨 나오던 고소함, 정겨움, 그리고 풍성함이 당신의 스피치에도 잘 담아지기를 바란다. 방앗간 아가씨도 손님들과 함께할 수 있어서 행복했음을 알려드리면서 이만 인사를 드린다.

가장 훌륭한 시는 아직 쓰이지 않았다.

가장 아름다운 노래는 아직 불리지 않았다.

…

무엇을 해야 할지 더 이상 알 수 없을 때

그때 비로소 진정한 무엇인가를 할 수 있다.

어느 길로 가야 할지 더 이상 알 수 없을 때

그때가 비로소 진정한 여행의 시작이다.

—나짐 히크메트Nazim Hikmet, 「진정한 여행A True Travel」 중

이 책의 마지막까지 함께 달려온 지금쯤,

당신의 삶이 조금 더 행복해졌기를 바랍니다.

구가율

The most magnificent speech hasn't been spoken yet.

최고의 스피치는 아직 말해지지 않았다.

찰떡 스피치

ⓒ구가율 2015

초판 인쇄 2015년 12월 16일
초판 발행 2015년 12월 23일

지은이 구가율
펴낸이 황상욱
기획 황상욱 윤해승 **편집** 황상욱 윤해승
디자인 이보람 **마케팅** 방미연 이지현 함유지 **교정** 이수경
홍보 김희숙 김상만 한수진 이천희
제작 강신은 김동욱 임현식 **제작처** 영신사

펴낸곳 (주)휴먼큐브
출판등록 2015년 7월 24일 제406-2015-000096호
주소 10881 경기도 파주시 회동길 210 1층
문의전화 031-955-1902(편집) 031-955-2655(마케팅) 031-955-8855(팩스)
전자우편 forviya@munhak.com

ISBN 979-11-955931-9-4 03320

이 도서의 국립중앙도서관 출판예정도서목록(CIP)은 서지정보유통지원시스템 홈페이지(http://seoji.nl.go.kr)와
국가자료공동목록시스템(http://www.nl.go.kr/kolisnet)에서 이용하실 수 있습니다. (CIP제어번호: CIP2015032780)

트위터 @humancube44 **페이스북** fb.com/humancube44